59
S
E
C
O
N
D
S

[英] 理查德·怀斯曼 Richard Wiseman 著

佘卓桓 译

一本正经又怪诞的 行为心理学

Think a
little,
Change
a lot

湖南文艺出版社
HUNAN LITERATURE AND ART PUBLISHING HOUSE

博集天卷
CS-BOOKY

图书在版编目（CIP）数据

一本正经又怪诞的行为心理学 / （英）怀斯曼（Wiseman,R.）著；佘卓桓译 .
—长沙：湖南文艺出版社，2016.1
书名原文 : 59 Seconds
ISBN 978-7-5404-7416-4

Ⅰ.①一… Ⅱ.①怀… ②佘… Ⅲ.①心理学分析—通俗读物 Ⅳ.① B84-49

中国版本图书馆 CIP 数据核字（2015）第 316660 号

著作权合同登记号：图字 18-2015-169

上架建议：励志·心理

一本正经又怪诞的行为心理学

作　　者：[英]理查德·怀斯曼（Richard Wiseman）
译　　者：佘卓桓
出 版 人：刘清华
责任编辑：薛　健　刘诗哲
监　　制：蔡明菲　潘　良
选题策划：李　娜
特约编辑：温雅卿
版权支持：辛　艳
封面设计：壹　诺
版式设计：张丽娜
营销推广：桂　欣　李　群
出版发行：湖南文艺出版社
　　　　　（长沙市雨花区东二环一段 508 号　邮编：410014）
网　　址：www.hnwy.net
印　　刷：北京嘉业印刷厂
经　　销：新华书店
开　　本：880mm×1230mm　1/32
字　　数：220 千字
印　　张：10
版　　次：2016 年 1 月第 1 版
印　　次：2016 年 1 月第 1 次印刷
书　　号：ISBN 978-7-5404-7416-4
定　　价：38.00 元

质量监督电话：010-59096394
团购电话：010-59320018

**数百个另类好玩的心理学实验，拿来即用却反常规的
心理学技巧让你的工作和生活瞬间发生改变
本书将为你揭晓：**

◆ 为什么偶尔出个小丑，会令你更讨人喜欢？

◆ 为什么面试时先摆出弱点，别人会更愿意给你一份工作？

◆ 为什么丢失的钱包里放婴儿的照片会增加被返还的概率？

◆ 为什么轻轻碰触手臂就能吸引异性？

◆ 为什么使用细长的酒杯就能减少酗酒的行为？

◆ 为什么电子邮件会降低你受骗的可能性？

◆ 为什么只要想象一下健身房就能保持身材苗条？

◆ 为什么只要躺下来，大脑的创意就能增加10%？

…………

目录
Contents

引言
Introduction

你有没有想过让自己的人生变得更完美？比如减肥成功、找到完美的人生伴侣、得到一份梦寐以求的工作，或是活得更快乐一点？你可以简单地做如下尝试：

闭上眼睛，想象一个全新的你。想象满身名牌的你是多么有魅力，想象你身居公司高层，正跟布拉德·皮特或是安吉丽娜·朱莉坐在舒适的皮椅上，或是想象自己正在加勒比海边品尝一杯勾兑上佳的朗姆酒，海水轻轻拍打着你的双脚，这感觉是多么的美妙！

在当前的高压环境里，一些自我激励行业不停向人们推荐这种练习，遗憾的是，现代科学研究表明，它们非常低效且容易误导读者。想象完美的自我，会让你感觉良好，但这种让心灵沉湎于逃避现实的状态，会给你带来严重的副作用——使你在面对困难时习惯性地选择逃避。在丑陋的现实前想象虚无的美好，虽然能让你获得些许慰藉，却无法让你美梦成真。

有的科学实验明确指出，一些流行的、标榜可以改善生活的激励方法根本名不副实。比如，通过压制消极思想"让自己感受快乐"，并不能使人摆脱负面情绪的困扰，反而会让人更沉迷其中。再比如，集体头脑风暴其实远不如个人的独立思考更容易产生创意；用力摔打枕头或大声尖叫，只会增加你的愤怒和压力。

◎ 自控力好的人更容易成功？

1953 年，一个研究团队在耶鲁大学毕业生中做了一个抽样调查，询问他们是否写下了未来人生的目标。二十年后，研究人员追踪当年那些接受调查的人，发现曾写下人生具体目标的学生（占比 3%）所积累的财富，比剩余 97% 的学生所积累的财富总和还要多。

这是个振奋人心的故事，很多图书和讲座都曾引用，力证设定目标的神奇力量。而事实上，这个实验根本没发生过。在 2007 年，作家劳伦斯·塔巴克，这位来自《快公司》杂志的撰稿人，试图追踪这次实验，他联系了几位曾引用这个故事的作家以及当时耶鲁大学的秘书，还有其他方面的研究人员，想了解这个研究是否真的开展过，结果找不出任何证明。由此，塔巴克得出了一个结论，这不过是一则带有鸡汤性质的"传说"而已。多年来，自我激励方面的专家都会津津乐道地灌输某些研究成果，却从未探究它们的根源和来路。

哈佛大学的艾伦·兰格曾做过一个经典的实验，他给疗养院的一半老人送去了盆栽，请他们帮忙照顾这些植物；另一半的老人也得到了同样的盆栽，却被告知工作人员会负责料理，无须他们插手。六个月后，相比于那些被告知要照顾盆栽的人而言，无须插手的人变得比之前更不快乐，身体状况更差，也更缺乏积极性。让人感到不安的是，在那些无须照看植物的人当中，有30%的人去世了，而被告知需要照看植物的人当中，死亡率只有15%。类似的实验还有很多，涉及教育、职业训练、健康、人际关系与饮食等各方面。

这些研究结果清晰地表明：和那些感觉无法掌控人生的人相比，那些游刃有余的人会更成功，身心也更健康。

◎ 苏菲的问题

几年前，我与一位叫苏菲的朋友一起吃午餐。苏菲30多岁，她是一位聪明、成功的女性，在一家管理顾问公司任高管。吃饭时，苏菲告诉我，她最近买了一本关于如何提升幸福感的畅销书，并问我对于自我激励的看法。我说我对市面流行的大部分方法是否科学持怀疑态度。

苏菲很关心这个问题，她问我理论心理学是否研究出了更科学的改善生活之道，于是我滔滔不绝地讲了些关于找寻幸福的理论。大 ,15分钟后，苏菲打断了我。她礼貌地说，这些思想虽然很有趣，但她很忙，问我是否能给出一些不需耗费太多时间去执行的有效建议。我问她多长时间合适，苏菲看了一眼手表，微笑着回答："一分钟可以吗？"

苏菲的话促使我停下来认真思考。很多人之所以对心理自助类的技巧感兴趣，是因为它们能提供解决人生各种难题的简单快速的方法。遗憾的是，绝大多数心理学研究都无法解决这些难题，或者只能提供极为耗时与复杂的解决方法。所以我想，在众多心理学研究中，是否隐藏着既经过了科学论证，又简单便捷、能帮人们解决生活中各种问题的方法呢？

接下来的几个月，我一直在心理学的浩瀚海洋里搜寻，终于，一种充满希望的新模式出现了。实际上，很多心理学研究者都在努力研发能够帮助人们在数分钟内（而非数月）就实现目标与梦想的方法。我将数以百计的研究收集起来，它们涉及行为心理学的各种细分领域，从如何调节情绪到如何增强记忆，从如何说服他人到如何克服拖延，从如何保持愉快的心情到如何维持长久的恋爱关系……这些内容构成了一门能够快速改变生活的全新科学。

◎ 水壶该敲在哪个位置

一个古老的故事经常被各种培训课引用。

它是这样的：某人想修理一个出现问题的烧水壶，虽然他在过去几个月尽了最大努力，却依然没有将水壶修好。最后，他选择了放弃，决定打电话找一位专家过来。工程师来了，只是在烧水壶的一边轻轻地敲了一下，它就神奇地好了。看到账单那人大吃一惊，说自己只应该付很少一笔钱，因为工程师只花了几秒钟就修好了。工程师淡定地向他解释说，这笔钱并不是付给他刚才敲的那一小下的，而是付给他多年来努力学习、知道该在哪个位置下手的经验。正如这位工程师所说的，有效的改变无须耗时。事实上，你可以在不到一分钟的时间里改变自己的人生，因为这只是从哪里下手的问题而已。■

第一章　快乐

Chapter 1

　　快乐真的很重要吗？当然，快乐不仅能让我们感觉良好，享受生活的乐趣，还能真切地影响到我们在职业生涯和个人生活中能否取得成功。

　　几年前，加州大学的心理学家索尼娅·柳波莫斯基与她的同事进行了一项漫长而规模宏大的实验研究。在实验中，他们想尽各种办法使被实验者心情愉悦，比如让被实验者闻鲜花的芳香，阅读一些积极的肯定式的句子（像"我真的是一个好人"），吃一些巧克力蛋糕，跳舞或者观看一场搞笑的电影。有时，研究人员也会利用一些小伎俩，比如告诉被实验者他们在智商测试中表现极为优异，或是让他们"意外"地在大街上捡到一些钱。然后，研究人员开始观察快乐对参与者产生了哪些影响。结果发现，不管使用的实验手段如何，所产生的效果都是一样的，可见快乐并非来源于成功，恰恰与之相反，是快乐带来了成功。

　　在对涉及 25 万名参与者的数百次研究报告进行对比之后，柳波莫斯基发现，快乐能带给人几大明显的好处。比如，快乐能让人更喜欢与人相处并乐于助人；快乐能增强人们喜爱自己与他人的程度，提升解决冲突的能力并增强人体的免疫能力。长期保持快乐的心情能使人拥有美满的婚姻关系，找到更心仪的工作，过上更长寿与健康的生活。

快乐能带来这么多美妙的好处，难怪每个人都想要快乐。然而，怎样才能维持快乐呢？若是你向身边人发问，可能得到最多的答案是"有钱"。在各式各样的调查中，"富有"一直高居人们列出的"快乐必备清单"的榜首。而金钱真的能买到快乐吗？

20世纪70年代，西北大学的菲利普·布里克曼与他的同事开展了一项著名的实验。布里克曼试图研究，当发财梦实现，人们会做些什么。一大笔意外财富到手，是会让人一直亢奋，还是很快就习以为常，内心的愉悦感渐渐消失呢？布里克曼联系到了一些在伊利诺伊州中过大奖的人，其中几位还曾拿到过百万美元奖金。接着，布里克曼又从伊利诺伊州的电话簿里随机挑选了几个人，组成了实验对照组。布里克曼请每个组的人给自己目前的快乐程度打分，并说出他们希望自己将来有多快乐。除此之外，每个人还要说出他们从日常生活中的一些活动中得到的快乐，比如与朋友聊天、听到一个有趣的笑话或者得到别人的赞美等。最后，布里克曼的研究结果清楚地展示了快乐与金钱之间的关系。

与一般的想法相反，那些赢得彩票大奖的人并没有比实验对照组的人感觉更快乐。而且，两组人在回答对未来的展望时，也没有任何明显的差异。事实上，这两组只存在一点差别——相较那些赢得大奖的人，实验对照组的人能从生活琐事中获得更多的愉悦感。

由于中彩票是获取金钱的一种很不寻常的方式，所以心理学家们也研究了那些靠努力工作赚钱的人，看看他们的收入与快乐之间有何关联。

这一研究涉及大规模的国际调查，也就是让多个国家的人对自己目前的快乐程度进行打分（通常采用10分制，快乐程度从"极度沮丧"到"非常快乐"），然后统计出每个国家的平均快乐程度，并与该国的GNP（国民生产总值）做对比。研究结果发现，尽管贫穷国家的国民不如富裕国家的国民快乐，但只要贫穷国家的GNP上升到适度水平，这种差异就消失了。对工资收入和快乐之间的研究也表明了类似的结果。伊利诺伊州立大学的埃德·蒂耶内与他的同事进行的一项调查发现，即便是那些位列福布斯富豪榜前一百名的人士，也不过比一般的美国人稍微快乐一点。所有这些研究都得出一个结论：当人们能满足日常生活所需之后，快乐并不会随着收入的增加而线性上升。

为何会这样呢？一方面因为我们对已然拥有的东西习以为常。购买一辆新车或是大一些的房子，也许能让我们高兴一阵子，但我们很快就会习惯这些事实，从而回到购买前的快乐水平。正如心理学家大卫·梅耶斯所说的："真得感谢我们对名利的适应能力，它使昨天的奢侈品很快变成今天的必需品和明天的废弃品。"那么，如果金钱买不到快乐，怎样才能让快乐持久呢？

坏消息是，大量研究结果表明，每个人的快乐感觉大约有50%是由基因决定的，这部分无法改变。较好的消息是，有10%的快乐感觉受制于环境因素（包括教育背景、收入水平、已婚或单身等），显然这部分也难以改变。最好的消息是，剩下 40% 的快乐感觉来自你每天的日常行为，以及你对自己与别人的看法。因此，只要你了解这方面的技巧，就能在短短数秒之内让自己变得更快乐充实。

但问题在于，一些自我激励的书籍与课程给予的建议，通常是与科学研究结果相悖的。以"积极思考"为例，是不是人们只要将消极想法从心里驱除，就能收获快乐呢？事实上，研究表明，这种压制负面情绪的做法，反而会增加我们的痛苦。

在 20 世纪 80 年代中期，哈佛大学的心理学家丹尼尔·魏格纳在心理学杂志上偶然读到陀思妥耶夫斯基的一个古怪又富有启发性的说法：一旦给自己设置这样一个任务——不要去想一只白熊，你就会发现白熊每时每刻都在你脑海里蹦跶。魏格纳决定做一个简单的实验去证明这句话是否属实。他让每个参与者单独坐在一个房间里，并告诉他们可以思考任何事情，就是不能去想白熊。每当白熊出现在他们的脑海中时，就要按一下电铃。结果，短短几分钟内，此起彼伏的铃声证实了陀思妥耶夫斯基的说法是正确的——越是让人们抑制某个想法，那个想法就越与人纠缠不休。

其他一些研究也表明了类似的结果。纽约州汉密尔顿学院的心理学家珍妮弗·波顿与伊丽莎白·凯西的实验，就证实了"抑制负面思考"的方法对人们的情绪和自信产生的戏剧性的影响。波顿和凯西请一群人描述最让他们感到困扰的事情，然后让其中的一半人在接下来的 11 天里努力尝试不想这些事情，另一半人则照常生活。每一天结束，所有人都要说明他们在多大程度上受到这些事的困扰，并对自己当天的情绪、焦虑状态、自信程度打分。最后的结果与魏格纳的"白熊"实验结果非常相似。与那些被要求照常生活的人相比，那些被要求压制负面思想的人，反而变得更焦虑、抑郁，自信程度也更低。20多年来的研究表明，这种看似自相矛盾的现象，在日常生活中比比皆是，比如要求一位节食者不去想巧克力，会适得其反；越是呼吁大众不要选傻瓜当总统，大众就越会把票投给花言巧语的竞选者。

那么，如果压抑负面想法并非通向快乐的良方，我们该怎么办呢？一个常用的方法就是转移注意力，比如跟家人聚餐，参加派对，更多地投入工作，或是找一个全新的兴趣爱好。而事实上，这些方法只能带来短暂的快乐，并不能使人们获得长久的幸福。为此，我们有必要了解一些科学研究所提出的建议，比如如何写一篇完美的日记，如何做一些小的善事，以及如何培养自己的感恩态度等。

如何"写"出快乐

在生活中，每个人都可能遭遇一些不愉快的事情，比如婚姻矛盾、亲人去世、被解雇，或者在某个倒霉透顶的日子，这几件事一起发生了。

大多数人甚至心理咨询师都会建议，最好与人分享你的痛苦。那些主张"分享痛苦就能使痛苦减半"的人认为，将情绪发泄出来有助于更好地释放压力，从而继续前进。这是个不错的主意，而且调查也发现，90%的人都相信内心受过伤后，与人分享能缓解自己的苦楚。但事实果真如此吗？

为了找出真相，比利时鲁汶大学的心理学家艾曼纽·泽赫与伯纳德·里梅就此进行了一项重要的研究。他们请一组参与者挑选出一次给他们带来消极影响的经历。为了使研究尽可能符合现实，参与者被要求避免选择琐事，比如错过一趟火车或是无法找到停车位，而要想出"一件最令人痛苦不安，最想跟人倾诉的事情"，比如关于死亡、离婚、疾病或遭受虐待等。一组参与者可以就此与持支持态度的研究人员长谈，而另一组则只跟研究人员聊聊日常话题。每个参与者都在一个星期后和两个月后，回到实验室完成用以衡量他们情感状况的问卷调查。

可以向他人谈论自身不幸的参与者都认为，这样的分享会对他们有很大帮助。然而问卷调查的结果却给出了截然不同的答案。事实上，这种分享根本无法带来任何积极的影响。虽然参与者认为分享自己的一些烦恼对他们大有益处，但如果倾听者不能有技巧地引导，那么所谓的倾诉也不过是一场闲聊。

所以，如果与一位具有怜悯心却没有受过专业训练的人谈论你的苦恼，无异于浪费时间，那该怎样缓解过去的伤痛呢？正如前文所说，试图压制消极情感毫无用处，而比较可行的方法是尝试"表达性写作"。

在多项研究里，受过伤的人被要求每天花几分钟时间，以日记体的形式将他们内心最深处的想法与情感表达出来。例如，有一项研究要求刚失业的参与者们写出自己内心深处对于失去工作的想法和感受，包括失业给他们的个人生活和职业生涯所带来的影响。研究显示，参与者们在写作过程中身心都获得了巨大抚慰，包括疾病减少、自信和快乐程度不断提高等。这些结果让心理学家大为不解，为什么向人倾诉自己所受的创伤似乎毫无作用，而将这些感觉写出来却收效如此明显呢？

从心理学的角度看，思考与写作这两种行为完全不同。思考通常都是散漫、不成形甚至杂乱无章的。与之相反，写作却鼓励人们将自己的思绪组织起来，帮助人们深入了解发生的事情以及找到解决的途径。简而言之，谈论会增添我们的困惑感，但是写作则为我们提供了一种更系统化的解决方法。

很显然，这个方法对心理疗愈很有帮助，它对增进我们在日常生活中的快乐感受也有效吗？下面这三种研究表明，事实的确如此。

◎ 写下感恩的心情

增进快乐的最重要的写作技巧之一就是要表达感恩。若是让一个人持续地听一些声音，看一些画面，或是闻一些气味，那么他会慢慢习惯这些事情，直到最后完全忽略它们。比如，你刚走进一间弥漫着新鲜出炉的面包的香气的房间时，会很快闻到香味，但在房间里持续待上几分钟后，香味就会慢慢消失。实际上，只要走出房间再重新进去，就又能够闻到面包的香气。同样的道理也适用于我们生活的诸多方面，包括快乐之道。每个人都有一些值得高兴的事情，比如拥有充满爱意的伴侣、健康的身体、懂事的孩子、满意的工作、亲密的朋友、有趣的爱好、关怀备至的父母、温暖舒适的房子、偶像签名的专辑或是美味的食物……但是，随着时间的推移，人们开始对这些美好的事物习以为常甚至视而不见，就像再也闻不到面包的香味一样。正如古语所言：只有失去时，才能体味之前拥有的多么珍贵。

心理学家罗伯特·埃蒙斯与迈克尔·麦卡洛想知道，如果让人们做类似于离开弥漫着香气的面包房又重新进入的事情，是否会提高参与者的快乐水平。提醒人们意识到他们生活中已然拥有美好的事物会有什么效果？在实验中，他们把邀请来的参与者分成三组，并要求每个参与者每周要花几分钟时间进行写作。第一组参与者要写五件值得感恩的事情，第二组要写五件让他们恼火的事情，第三组则任意写出五件上周发生的事情。最后，第一组写出了夏日观旭日东升、朋友慷慨相助等事；第二组写出了沉重的工作压力以及与孩子争吵的烦恼；第三组则详细描述了同事聚餐和上班开车等琐事。与第二组和第三组相比，表达感恩心情的第一组参与者更快乐、对未来更乐观，而且愿意比以前花更多的时间进行户外运动。

◎ 描述内在完美的自我

利用写作的方式获得快乐，表达感恩只不过是其中一个方式而已。

实际上，当你表达感恩时，就是在与内在最完美的自我进行对话。

在南卫理公会大学的心理学家劳拉·金进行的一次经典研究里，参与者被要求连续几天用文字描述他们认为的最理想的未来：第一组实验者被要求幻想要尽可能贴近现实，但可以想象一切进展顺利，并最终能实现自己的目标；第二组实验者被要求回想曾发生在他们身上的创伤；第三组实验者则只需写出当天的计划。实验表明，幻想美好未来的实验参与者要比其他两组的人更快乐。在后续的研究中，金与她的同事重复了这样的实验，这一次他们让参与者用笔在纸上将他们人生中最美好的经历写下来。三个月后，研究结果显示，相较实验对照组，那些回忆过去美好时光的人明显更快乐。

◎ 饱含深情的写作

最后，还有一个实验检验了"饱含深情的写作"这种方法。充满爱意的关系对人们的身心健康有很大好处，这种说法毋庸置疑，但它是接收爱意、表达爱意或者这两者综合的结果吗？

为了探究真相，亚利桑那州立大学的科利·弗洛伊德与同事要求一些志愿者认真思考他们所爱的人，然后花20分钟的时间将此人对他们如此重要的原因写下来。另一个实验对照组的志愿者则要写下他们上周遇到的琐事。每组的志愿者都要在五周内进行三次这样的写作。这个简单的实验再一次产生了戏剧性的效果。那些只花几分钟完成充满感情写作的人明显更快乐，更温和，甚至连胆固醇水平都降低了。

简而言之，想增强人们的幸福感和快乐指数，几种写作方式都能够产生迅速且惊人的积极效果。表达个人的感激之情、幻想美好的未来以及饱含深情的写作都被科学证明行之有效，而做到这些，你只需一支笔、一张纸和一点点时间。■

用行动转化"能量" 获取快乐的神奇日记

为了将更有效的写作方法融入生活，我创造了一个不寻常的日记模式。它并非让你记录过去发生的事情，而是鼓励你就种种能帮助你创造快乐的相关话题表达自己的想法。你每天只需花费几分钟时间，一个星期后，你就能注意到自己的情绪和快乐程度的变化，而这种变化能维持好几个月。如果你感觉这种积极的影响在慢慢消减，只需再次重复这样的练习即可。

星期一：感恩

生命中有很多值得你感恩的事情，比如拥有亲密的朋友、一段美好的恋情、有人为你提供帮助、身处美满的家庭、拥有健康的身体、美丽的房子，等等。除此之外，你可能还有一份自己热爱的工作，有很多过去的美好回忆，最近品尝到特别好喝的咖啡，得到陌生人给予的微笑，或是小狗热烈地欢迎你回家，吃了一顿美味的晚餐，在路边停下来嗅到了花的香气。回忆过去一周，将其中三件你认为值得感恩的事列出来。

1.

2.

3.

星期二：美妙的经历

请认真思考一下你人生中最为美妙的经历。它也许是你突然感觉满足的瞬间，抑或坠入爱河的刹那，聆听悠扬婉转的音乐的美妙时光，观看一场令人难以置信的出色演出或是与朋友把酒言欢的记忆。回想你当时是什么感觉，周围是什么让你印象深刻。现在，请花几分钟时间将这次经历与自己的感受描述出来。不要担心你的拼写、断句或是语法等问题，你只需将自己的真实想法写在纸上即可。

星期三：神奇的未来

花几分钟写下你对未来的畅想。想象每一件事都进展顺利。尽可能做到符合实际，但可以想象通过自己的勤奋工作实现了所有的目标和梦想。想象你已经变身为一直幻想要成为的人。这一切也许不能帮你实现目标，却能让你心情舒畅，感觉良好，笑容满面。

星期四：亲爱的……

回想一下生命里对你非常重要的人，可能是你的伴侣、密友或家庭成员。想象你只有一个机会告诉这个人他对你的重要性。你可以向此人写一封短信，描述你对他的关心程度以及他对你人生产生的重要影响。

星期五：回顾过去

回想过去七天所发生的事情，记录下三件你认为进展顺利的事情。它们可能很琐碎，比如找到了一个停车位；也可能很重要，比如找到了一份好工作或是得到了一个全新的机会。分别写下一句话，讲述你认为每件事进展顺利的原因。

1.

2.

3.

"买买买"的力量

　　每次当你心情抑郁的时候，脑海当中经常会突然闯入两个词，它们分别是"买买买"和"治疗"。几分钟后，你发现自己正朝最近的鞋店或是百货商场走去，并期待即将开始的疯狂消费会让心里的阴霾一扫而空。事实果真如此吗？在你买了一双新鞋或是一款新包之后，真的会感觉好一些吗？如果真是这样，你的快乐又能持续多长时间呢？最新的研究成果清晰而统一地回答了这些问题，并指出怎样明智地花钱才能让你更快乐。

　　心理学家利夫·万博文与托马斯·季洛维奇在购物是否能够增强快乐的问题上进行了一番研究，他们想知道人们花钱购物（比如最新款的衣服或是一部功能齐全的智能手机），或购买一种体验（比如出去吃一顿饭、买一张音乐会门票或是预定一个假期），哪一样给人的感觉更好。为此，他们进行了一次国际性的调查。首先，请来自世界各地的实验参与者回忆一下他们花钱购物和购买体验时的感受，然后对这些商品或经历给他们带来的快乐程度打分。在接下来的实验中，他们将实验参与者随机分成两组，要求其中一组回忆最近购买的商品，另一组则回忆最近购买过的体验，然后分别对自己目前的情绪状态进行打分，一组的评分

标准是从 -4（糟糕）到 +4（良好），而另一组则是从 -4（悲伤）到 +4（快乐）。两个实验结果都清楚表明，无论从短期还是从长期看，购买体验都比购物更能带给人快乐。

为什么会这样呢？我们对经历的记忆很容易随着时间的流逝而被过滤（比如，你会将乘坐飞机的糟糕过程剪切掉，只记住在海滩上放松的美好时光），而我们购买的物品却随着时间的推移变得陈旧或过时，失去吸引力。同时，购买体验能与他人共度时光，这是一种最有效的提升快乐指数的行为。社交本身就是人生体验的一部分，或者说，当你在后来与人分享这部分体验时，也能增进快乐。与之相反，购买最时髦或最昂贵的产品，有时反而会让你与嫉妒你拥有这些东西的家人或朋友疏离，使你在不知不觉中陷入孤立的状态。

然而，在花钱买快乐这个问题上，选择购买体验而不是物品，不过是故事的一部分而已。现在我们进行一个快速测验。花几分钟时间阅读下面十句话，然后根据你对每句话的认同程度进行打分。你不需要在每句话上斟酌太长时间，只需诚实作答即可——在此过程中，绝对不能偷看答案。

给每句话打分，从 1 分（强烈反对）到 5 分（强烈认同）。

1. 我很羡慕那些拥有豪车与豪宅的人。　1 2 3 4 5

2. 我倾向于用拥有的财物来衡量人生是否成功。　1 2 3 4 5

3. 我喜欢购买一些并不真正需要的东西。　1 2 3 4 5

4. 我喜欢被奢侈品包围。 1 2 3 4 5

5. 要是我拥有更奢侈的东西，人生会更美好。 1 2 3 4 5

6. 有时，我对自己没能力买奢侈品而烦恼。 1 2 3 4 5

7. 买奢侈品的过程会让我的自我感觉良好。 1 2 3 4 5

8. 我似乎把物质看得比家人和朋友都重。 1 2 3 4 5

9. 我宁愿为名牌支付更多的钱。 1 2 3 4 5

10. 我享受拥有让别人印象深刻的东西。 1 2 3 4 5

现在，你可以将自己的打分加总。低分段是 10~20 分，中等分段是 21~39 分，高分段是 40~50 分。 1 2 3 4 5

显然，这份问卷调查旨在测量你对于物质的态度。得高分的人明显更看重物质的效用，常常把物质视为快乐的核心，并且习惯用物质衡量自己与他人的成功。与此形成鲜明对比的是，得低分的人更看重人生体验以及人与人之间的关系，而得分在中间值的人常常对任何人都不太感兴趣。

研究人员耗费大量时间去找寻受访者的问卷得分与快乐之间的联系。结果恰如他们所担心的那样——得分越高的人越不快乐，对生活也更不满意。当然，这一结果并不适用于所有的物质主义者，所以即使你得分很高，你也可能是最快乐、最幸运的人之一（但是，在给自己下结论之前，请记住，心理学家的研究表明，每当面对测验带来的消极结果时，我们都非常善于说服自己，觉得自己是一个例外）。

那么，如何解释这样的一般性倾向呢？你也许认为这和物质主义者想获得最时髦、最昂贵的商品、永不满足相关，但事实上，问题并不在于花钱本身，而在于怎么花钱，谁从金钱交易中得到了真正的好处。

物质主义者一般都以自我为中心。研究表明，当物质主义者拥有四万美元的时候，他们花在自己身上的钱一般都是花在别人身上的三倍左右。同时，当这些物质主义者讲述事情时（比如"我享受客人到我家做客的感觉""我经常借东西给朋友"），都会给出一些以自我为中心的描述。英属哥伦比亚大学的心理学家伊丽莎白·邓恩的一项研究表明，这种表现会严重影响人们获得快乐。

邓恩与她的同事已经就收入、支出与快乐之间的关系进行了多项研究。在一次全国性的调查里，参与者要对他们的快乐程度进行打分，写明他们的收入情况，并提供一份他们给自己或他人买礼物以及捐钱给慈善机构的消费清单。在另一个调查里，邓恩在受访员工得到3000美元与8000美元的分红奖励的前后，对他们的消费模式和快乐程度进行了评估。调查结果表明，那些愿意将收入更多比重花在别人身上的人，要比那些将多数金钱花在自己身上的人更幸福。

当然，一些持怀疑态度的物质主义者会说，研究人员将因果关系颠倒了，并不是花更多的钱在别人身上更快乐，而是一个本来就很快乐的人更愿意将钱花在别人身上。这是一个非常有趣的观点，邓恩与她的同事进行的一场聪明的实验解答了这个问题。

在一次简单却充满创意的研究里，参与者获得了一个信封，信封里装着 5 美元或 20 美元的钞票，参与者要在下午五点前将这些钱花掉。研究人员将参与者随机分成两个组。一组的参与者要将钱花在自己身上（可以给自己买一个小礼物），而另一组的参与者则要将钱花在别人身上（比如为朋友或家人购买一份礼物）。结果，"本来就很快乐的人更愿意将钱花在别人身上"这个预言落空了。事实上，那些将钱花在朋友与家人身上的人，最后要比那些将钱花在自己身上的人得到更多快乐。

为什么会这样呢？答案就藏在你的大脑里。俄勒冈大学的宏观经济学家威廉·哈博与他的同事进行了一项研究，他们给予每一位参与者的虚拟银行账户里增添了 100 美元，然后要求参与者在脑部扫描仪下躺倒。参与者首先看到了他们的一些钱被强制性的税收征去，用于救助那些需要帮助的人，接着，研究人员询问他们，是否愿意从剩下的钱里拿出一部分捐给慈善机构，还是自己留着。脑部扫描结果显示，大脑中两个从远古以来一直进化的区域——尾状核与伏隔核——在知道他们的一些钱被用于救助那些需要帮助的人时突然变得活跃起来，而当他们自愿捐钱时，这两个区域的活动变得异常活跃。当我们最基本的需求得到满足，比如品尝美食或受人尊重时，这两个区域也开始运转起来，这说明在帮助别人和获得快乐之间存在着直接的关联。

因此，从科学的角度来讲，如果你想摆脱忧郁，就通过帮助别人来成就自己吧，因为这样做会对你的大脑产生直接影响，让你感觉更快乐。

当然，你也许会说，自己没那么多钱帮助别人，但是善行是随时随地都可以进行的。几年前，快乐研究专家索尼娅·柳波莫斯基与她的同事安排了一组参与者在长达六周的时间里，每周都做五件与金钱无关的善事。这些善事都非常简单，比如写一张感谢信笺、献血或是看望一位朋友。有的参与者一天做一件善事，有的参与者一天做五件善事。那些一天只做一件善事的人会感到快乐在一点点增加，但是每天做五件善事的人却让人难以置信地显示出：他们的快乐程度增加了40%。■

【心理学链接：物质主义的根源】

到底是什么让人成为物质主义者呢？这种对财富的热爱来源于人们的性格、孩提时或成年后的经历吗？根据心理学家兰·纽伦·卓别林与黛博拉·罗德·约翰的研究，物质主义远在我们小时候就已在脑海里扎根了，这主要是受到不自信的驱动。也就是说，物质主义者由于缺乏自信，需要通过对物质的占有来增强自信心。

这个研究分为两部分，研究人员首先让一组年龄在 8 岁到 18 岁的人完成一次标准的自尊心测试（其中的一些评估问题包括"对自己的相貌是否满意"等）。接着，研究人员将一块画着许多图案的显示板递给了这些孩子，显示板上的图案涉及五个一般性话题：兴趣（比如"露营""滑板"）、体育运动（比如"足球""网球"）、物品（比如"新鞋子""个人电脑"）、人物（比如"朋友""老师"），以及成就（比如"获得好的分数""学会弹奏一种乐器"）。研究人员要求孩子们看着显示板，围绕"如何让我变得更快乐"的主题，运用其中任意一个图案去创造一幅拼贴画。这一充满乐趣的任务让研究人员能够通过每个孩子选择"物品"的比例，去评估他们在物质层面上的偏好。研究显示，自信与物质主义之间存在着密切的关系，那些自信度较低的孩子要比他们的朋友拥有更强的物品占有欲。

　　这种因果关系有可能是倒转过来的吗？会不会是物质主义导致缺乏自信呢？为了测验这种可能性，一组孩子被要求在一张纸板上写下自己的优点，然后研究人员读出每个孩子赞美自己的话。这种简单的"写出自身优点"的做法大大增强了孩子的自信心。更为重要的是，这让孩子们将之前"如何让我变得更快乐"的拼贴画里的"物品"减去了一半。这个实验再次证明较低的自信度会造成物质主义的倾向，而这种倾向会在年幼时形成。不过实验也向我们证明了，就像只需花一点钱在别人身上或是做一些小小的善举就能变得快乐一样，一张纸板和片刻的时间也能改变人们的思考和行为方式。■

用行动转化"能量"
购买快乐的法则

购买体验，而不是购买物品

想花钱买幸福？那就将你来之不易的钱花在购买体验上吧。你可以出去吃顿美餐，听一场音乐会，看一场电影或演出。你可以去度假，学习跳钢管舞，玩一下游戏机，尝试一次蹦极。事实上，你可以去做任何能让你有新鲜体验的事，并在事后将经历分享给别人。在花钱买快乐这件事上，请记住，经历才是最物有所值的。

给予比索取更美好

无论是跳激情四射的钢管舞，还是在探险中寻求刺激，都不会让我们长久地快乐。如果你询问他人，将钱花在自己和别人身上哪种更快乐，恐怕大多数人都会选择前者。然而，科学研究证明事实正相反——当给予别人帮助而不是单纯为自己谋利的时候，人们会更快乐。当然，你不必真的将自己的大部分收入都捐给慈善机构，或是给朋友、家人、同事买礼物，举手之劳也能给人带来快乐。如果你不愿将自己辛辛苦苦赚来的钱捐给别人，那么请记得每天去做五件与金钱无关的善举，这能很好地提升你的快乐指数。■

快乐是一支铅笔

当体验某种情感与思想时，人的行为是可以高度预测的。比如，当人感到悲伤时，就会哭泣；当人感到快乐时，就会微笑；当人同意某件事情时，就会点头。当然，这不足为奇。而根据"本体感受心理学"的观点，这个过程同时也是可逆的。你可以让人们以某种方式行动，让他们去感受某些情感和思想。这一观点开始时存在很多争议，但幸运的是，一系列让人信服的实验都证明了它的正确性。

在一次经典的实验里，一组参与者被要求皱眉（用研究术语来表述："紧缩他们的皱眉肌"），而另一组参与者则被要求咧嘴微笑（用研究术语来表述："舒展他们的颧肌"）。这些简单的面部表情控制对参与者的情绪产生了巨大的影响。被要求咧嘴微笑的参与者要比那些被要求皱眉的参与者感受到了更多快乐。

在另外一项研究里，参与者被要求观看一个大型电脑屏幕上不断移动的物体，然后说出这些物体是否对他们具有吸引力。有些物体是垂直移动的（这导致参与者在观看时会不经意地做出类似于点头的动作），而有些物体是水平移动的（这导致参与者在观看时做出类似摇头的动作）。结果表明，参与者更喜欢垂直移动的物体，而正是点头和摇头的动作促成了他们无意识的选择。

同样的道理也适用于寻求快乐。当人感到幸福时就会微笑，但是反过来，当人微笑时也会感到更快乐。即使人们没有意识到自己在笑，这个影响也依然存在。

在20世纪80年代，心理学家弗里茨·斯特拉克与他的同事请两组参与者在相当奇异的环境下，对盖瑞·拉尔森的喜剧卡通漫画《极地》进行评价，然后根据他们感受到的快乐程度进行打分。一组参与者被要求用牙齿咬住一支铅笔，并保证铅笔不会碰到他们的嘴唇。另一组参与者则被要求用他们的嘴唇去支撑铅笔的尾端。在参与者对其中用意不了解的时候，那些"用牙齿咬住铅笔"的参与者不得不强迫脸部的下半部分肌肉形成微笑的状态，而那些"用嘴唇支撑铅笔"的参与者则不得不皱着眉头。研究结果表明，参与者所体验到的情绪与他们所展露出来的表情相符。相对于那些被迫皱眉者，那些被迫微笑的人明显更快乐。其他研究则表明，当人们停止微笑时，快乐感受并不会立即消失，而会继续逗留，影响着人们的诸多行为，这其中包括以更积极的方式去与人沟通，更愿意回忆愉快的往事等。

这类研究传递的信息很简单：如果你想快乐起来，就要让自己表现得像一个快乐的人。

用行动转化"能量"
获得快乐的简单方法

微笑

有很多催生快乐的行为可以迅速融入你的日常生活之中，其中最重要的就是常常微笑。这种微笑不是转瞬即逝、让人无法察觉的，研究结果显示，你应该将微笑的表情保持15~30秒。为了尽可能让微笑的举动变得真实，你可以努力回想一些能让你做出真诚微笑的情景，比如你刚刚遇到了一位好友，听了一个令人捧腹的笑话，或者发现岳母并没有打算过来拜访你。同时，你也可以创造一个信号，用以提醒自己要定期微笑。你可以在手表、电脑或是手机上定下闹钟，每隔一段时间发出嘟嘟声，或是使用一些更为随机的信号，比如电话铃声，去提醒自己——是时候微笑了。

坐直

你的身体姿势同样非常重要。科罗拉多大学的心理学家托米·安·罗伯特斯进行了一项研究，将参与者随机分成两组，分别坐在椅子上三分钟，他们可以自行选择坐姿，要么笔直坐立，要么歪歪斜斜地靠在椅子上。然后，每个参与者都必须做一个数学测验，并评估自己的情绪状况。结果，坐姿笔直的人要比采取其他坐姿的人更愉悦，并在数学测验上取得了更好的分数。有趣的是，这个结果并不适用于大多数女性参与者，罗伯特猜测，坐直挺胸可能会让她们觉得害羞。

表现得像个快乐的人

比勒费尔德大学的皮特·博克南研究发现，快乐的人和不快乐的人在行为上会有很大不同。你可以通过表现得像个快乐的人而提高自己的快乐指数。比如，试着用更放松的姿态走路，轻轻地摇晃你的手臂，或是让自己的脚步更轻盈；在谈话中更多地运用手势，更频繁地使用能激发积极情感的话语（特别是"爱""喜欢"与"感兴趣"等），更少地谈论自己（少说"我""我自己"等词），让语调更富于变化，和人强有力地握手。若是你将这些行为都融入日常行为当中，将有助于提升你的快乐指数。■

【心理学链接：努力带来变化】

根据肯尼思·谢尔顿与索尼娅·柳波莫斯基的研究调查，快乐并不那么容易实现。

在数次实验里，他们征募了一些最近刚经历过人生重大变化的人参与实验。一种类型是"环境的改变"，包括搬家、涨工资或者买了一辆新车；另一种类型是"主观的改变"，这涉及要付出一些努力来实现某个目标或是开启某项活动，比如参加一个新俱乐部、培养一个全新的兴趣爱好，或是从事一种不同的职业。参与者们被要求在连续几周内对他们的快乐程度进行打分。结果发现，尽管经历这两种变化的参与者的快乐程度都有所提高，但是经历环境变化的参与者很快就恢复到了原来的水平，而那些主观上发生巨大变化的参与者保持快乐的时间更长。为什么会这样呢？

根据谢尔顿与柳波莫斯基的观点，这是一种名为"快乐适应"现象带来的结果。毋庸置疑，人们可以从任何一种全新的积极体验中获取快乐，但当这种体验被一而再，再而三地重复，人们的新鲜感就会消退，所能体会到的快乐自然不如开始时那么多。遗憾的是，环境的改变通常都会带来"快乐适应"的结果。虽然拥有新房子、加薪或是换新车一开始带来的快感非常美好，但这种改变对日后每一天来说都是相同的，因此一开始的愉悦感很快就会消失。与此相反，主观方面的改变会让人避免陷入"快乐适应"中去，因为这会让人始终创造出一幅不断变化的心理景象。无论是开始培养一个全新的爱好、参加一个俱乐部、着手参与一个项目、与陌生人见面或是学习一种全新的技能，我们的大脑始终都能感受到不断变化的积极体验，从而避免落入"快乐适应"的陷阱，由此延长了快乐的效应。

因此，为了让我们的快乐最大化，请更多地选择主观方面的变化，而非环境的改变。去做符合你自身个性、价值观与能力的事情，思考你正在进行的活动，发现这些活动之所以让你感兴趣的要素。如果你喜欢画画、打网球，擅长数独游戏，尽可能多地去尝试。总之，无论你决定去做什么，都要付出十二分的努力去改变你现在所做的事情以及做这些事情的时间表。这听上去很难，但研究表明它有助于提升我们的快乐指数，因此值得一试。■

第二章　说服

你该怎样说服一个小孩完成他的家庭作业？你该怎样鼓励一个雇员在他的工作岗位上好好表现？你将怎样说服人们更关心环保？

很多人认为，最有效的说服办法，就是拿一根"胡萝卜"在被说服对象的鼻子前晃一晃，用奖励和报酬的方式影响他们。但是，是否真有科学实验证明这个方法确实有效呢？

在一次著名的实验研究中，斯坦福大学的心理学家马克·莱帕与他的同事请两组小学生画一些有趣的画。在动笔绘画之前，一组学生被告知他们画完后将会得到一个精致的"优秀选手"的奖章，而另一组学生却没有得到这样的承诺。几个星期后，研究人员回到学校，再次给学生们发了纸和画笔，并测试了他们在画画上花费的时间。令人惊讶的是，上一次获得"优秀选手"奖章的学生明显比其他学生在画画上花费的时间少。

为什么会出现这样的现象呢？依照莱帕的看法，被授予奖章的孩子可能会这么认为："嗯，让我想一想。大人们通常让我做一些我不喜欢的事情时，才会给我奖励。"这种心理效应不断重复，其结论是非常清晰的：如果你想让孩子们去做一件他们喜欢的事，那么给予奖励反而会削减孩子们的乐趣，继而使他们失去参与的动力。所以，在短短几秒钟内，你的这种奖励行为，会让原先感觉在玩耍的孩子觉得自己是在做一项沉闷的工作。

也许有人会说，这个结论只适用于人们本身就喜欢做的事情，而对于人们不喜欢的事情，奖励确实能起到激励作用。

为了检验这一理论，几年前我做了一项研究，请两组参与者加入到一个实验中来，实验要求他们花一个下午的时间去公园捡垃圾。两组参与者都被告知是在参与一项公益实验，但是，其中一组参与者将获得丰厚的报酬，而另一组则只能得到象征性的奖励。在一个多小时艰苦的劳动后，每一位参与者都要对下午活动的满意度进行打分。你可能会认为，那些得到丰厚报酬的人满意度会更高。事实恰恰相反。若是按照满分为10分计算，那些得到丰厚报酬的参与者的满意度平均只有2分，而那些报酬少的参与者，满意度则高达8.5分。得到丰厚报酬的人会这样认为："别人通常在让我去做一些无趣的事时才舍得付更多的钱，因此，我一定是不喜欢清理公园的。"与此相反，只得到了一点奖励的人则认为："做我喜欢的事情，无须得到多少金钱回报，因此我必然是喜欢清理公园的。"按照这份研究的结果，过度的奖赏只会适得其反。

还有其他很多研究都不断地证实了这一理论。不论报酬或任务的性质是什么，被奖励的人并没有比不期望任何回报的人做得更好。而一些研究还显示，奖励只能在短期内奏效，从长期来看反而会产生消极的影响。

既然奖赏的诱惑无法起到激励作用，那么到底什么样的激励才最好呢？为了鼓励人们做更多他们喜欢的事，你可以偶尔在他们完成任务时给予些意外的奖赏，或者赞美他们的劳动成果。而要想驱动别人做一些他们厌烦的事，适度的奖赏在一开始是不会奏效的，还要加以鼓励，激励他们继续下去。

除了赞美、适度的奖赏与中肯的评价之外，还有其他说服人的方法。无论是与人谈判、解决冲突或是获取帮助，都能加以使用。

如何进行一场完美的面试

你怎样说服别人给你一份工作呢？有一个古老的笑话，讲的是一个男人去面试一份新工作，面试官问："你知道，我们要找一位很负责的人。"这个男人想了一下说："我刚好就是你们要找的那个人。因为我在上一份工作里，出了很多差错，他们都说我应该对此负责。"

遗憾的是，在真实的面试中，这种灾难性的回答也经常出现。在过去的 30 年里，心理学家们已经研究出了应试者如何给面试官留下深刻印象的关键因素。这些研究还提供了几个立竿见影的技巧，能大大提升你的成功率。

如果你让任何一位雇主解释他们为什么选择了 A 舍弃了 B，他们通常会告诉你，这主要看应聘者的素质和技能是否胜任这份工作。为了使面试过程更加公平合理，很多企业会先列出一连串成功应聘者所需的关键技能，然后研究每一份简历的相符程度，再通过面试了解应聘者的更多信息。然而，华盛顿大学的查德·希金斯与佛罗里达州立大学的蒂莫西·贾奇共同进行的一次研究表明，面试官通常也搞不清自己是如何决定的，实际上，他们无意识中会受到一种神秘而又强大的力量影响。

希金斯与贾奇追踪调查了 100 多名大学毕业生，看看他们是如何找到第一份工作的。在初始阶段，研究人员查看了每一位学生的简历，比较面试官强调的决定应聘者是否成功的两个关键要素——个人资质与工作经验。每完成一次面试，学生们都要填一份调查问卷，说明他们是怎么表现的，比如他们是否最大化地展现了自己的优点，是否对应聘的公司表达出足够的兴趣，或是否询问面试官他们想要招聘的人才的类型。研究团队同时还与面试官取得了联系，请他们就几方面的要素提供反馈信息，其中包括应聘者的表现、是否符合公司要求、是否能胜任工作，以及（也许是最重要的）应聘者是否会得到这份工作。

经过大数据分析，研究团队发现了令人惊讶的事实：决定是否录用应聘者的关键到底是个人资质还是工作经验呢？其实两者都不是。面试能否成功，至关重要的是应聘者是不是一个令人愉悦的人。那些设法使自己能够迎合面试官的应聘者，得到工作职位的可能性非常高。

少数应聘者会花几分钟谈论一些与工作无关却让面试官颇感兴趣的话题。有的应聘者会努力保持微笑，并与面试官进行眼神交流。还有一些应聘者会夸赞公司的业绩和平台优势。这些举动都得到了回报，让面试官相信，他们既是高情商又是善于社交的人，一定能很好地适应职场，胜任面试职位的要求。

希金斯与贾奇的研究清楚表明，要获得梦寐以求的工作，表现得令人愉悦比具备相关的资格条件和足够的工作经验更为重要。但是，如果你的简历有瑕疵，比如曾失业很长一段时间，那么这种逢迎是帮不了你的。而处理简历中薄弱环节的好办法是什么呢？在面试一开始就主动提自己的缺点，还是先给面试官留下好印象，在快结束时才一笔带过存在的问题呢？

在20世纪70年代，杜克大学的心理学家爱德华·琼斯与埃里克·戈登为了寻找答案，做了一项至关重要的研究。他们请来若干参与者，先让他们听一段录音（录音内容是一个人在谈论自己的人生，而这人实际上也是实验者之一），然后再对这段录音内容进行打分（评判其谈论的内容是否令人愉悦）。录音中的人讲述了他如何因为考试作弊被学校开除的故事。研究人员对录音带进行过剪辑，从而让一半的参与者在录音一开始就听到这个"爆炸性"的消息，另一半参与者则在录音快结束时才听到。结果，这一做法极大地影响了参与者对录音中的人的喜爱程度。

实验表明，一开始就把作弊的事情坦白出来，会比最后才提及更讨人喜欢。其他的一些研究也得出了同样的结论，比如律师如果在法庭上一开始就把自辩的弱点说出来，会更容易得到陪审团的信任，也能为接下来扭转局势打下良好的基础。

早早地把弱点展现出来，是坦诚的表现。这是很多政治家，比如比尔·克林顿等人一直都没学会的教训。面试者更相信那些一开始就有勇气开诚布公的应聘者，因为这些人不会试图误导他们的判断。

那么，对于你简历中的积极方面，是否也要一开始就提出来呢？事实上，这样不可行。在上述实验的另一部分，参与者还听到了录音中的人的一次获奖经历（"我获得了一次高额奖学金，并去了欧洲游学"），但是一半参与者在录音的较早部分听到，另一半参与者则在录音最后部分听到。结果与之前的测试刚好相反，晚一点提到获奖经历的人更受人喜欢。看来，对于简历中的积极方面，需要的是谦虚而不是诚实。晚一点提到获奖经历，显得你是让实力自然而然地展现出来，而如果过早地亮出"底牌"，则会让人觉得你在吹嘘。

因此，如果你已提升了谈话技巧，愿意更早地坦承自己的弱点，并打算把辉煌的一面留在最后，这是否就意味着你必然会成功呢？遗憾的是，并非如此。虽然你满怀期待并做了充分的准备，但人难免会犯错。也许你会不小心碰翻一杯水，也许你在不经意间冒犯了面试官，也许你结结巴巴地说出一些无法令人信服的回答。所以，你还要学会如何处理一些意外状况。对此，康奈尔大学的托马斯·季洛维奇与他的同事进行了一系列的实验，在实验中，他们请参与者穿上画有巴瑞·曼尼洛（美国歌手）头像的衬衫。

　　在这个经典的实验中，季洛维奇安排五名参与者同时到达他的实验室。他们被引到一个房间，坐在桌子旁，然后填一份调查问卷。在参与者认真完成问卷的时候，他们并不知道研究人员已经安排了另外一位参与者在五分钟后到达。这个迟来的参与者在进入房间之前与研究人员见了面，并按要求穿上一件印有巴瑞·曼尼洛头像的衬衫。为什么要这样做呢？因为这是一项关于尴尬心理的研究，研究人员在事前的测试中发现，康奈尔大学的绝大多数学生都不愿穿上印有巴瑞·曼尼洛的衬衫，怕被人嘲笑。

　　穿上衬衫以后，这位后来的参与者就进入了房间，结果发现房间里的几名学生都抬头看着他。过了一会儿，研究人员解释说，请迟到的人先到外面等一下，然后迅速陪他走出了房间。接下来，每个待在房间里的人都要回答是否注意到刚才迟来者衬衫上的图像，而迟来者也要观察房间里有多少学生注意到了他衬衫上那令人尴尬的图像。一系列的实验结果显示，房间里只有20%的人注意到了曼尼洛的图像，但是迟来者则认为，衬衫上的图像太显眼了，至少有50%的人都盯着他的衬衫看。简而言之，迟来者高估了尴尬带来的影响。

　　这种所谓的"聚光灯"效应的偏见，在很多不同的场合都会发生。无论是因为发型丑陋，还是在集体讨论中出丑，感到尴尬的人都倾向于夸大自己犯的错所引起的关注度。为何会这样呢？因为相对于关注他人，我们更关注自身的仪表和行为，因此难免高估自身所带来的影响。所以，如果你在一场面试里犯了一个令你懊恼的错，就想一想那个穿着巴瑞·曼尼洛衬衫的人。要知道，实际情况并非你想象中那么糟糕。■

用行动转化 "能量"
实现完美面试的三个步骤

第一步

记住，受人喜欢要比你的资历和工作经验更重要，因此，你需要：

• 找到所应聘的公司真正让你喜欢的地方，适当表达自己的观点。

• 自然地跟面试官沟通，表达真诚的赞美。

• 聊一些与工作无关但你与面试官都感兴趣的话题。

• 表现出对他们的兴趣。询问他们需要什么样的人，以及你所应聘的职位对公司的整体发展有何影响。

• 对应聘的职位与公司表现出足够的热情。

• 保持微笑，并与面试官保持眼神交流。

第二步

当你在某些方面确实存在不足时，不要等到面试快结束了才说出来。相反地，你要在面试初始阶段就开诚布公地告诉面试官。同时也要记住，对于你的优点，应保持谦虚，最好是在面试的最后阶段才提起。

第三步

　　如果你犯了一些看似很严重的错误，千万不要反应过度。实际上，你犯的错远没有你想象中那么引人注意，过度的反馈和道歉，反而会吸引更多关注。因此，适度承认自己的错误，然后就当什么也没发生一样继续进行之前的谈话。■

【心理学链接：增强说服力的三大妙招】

选择中间位置

如果你想在会议上给其他人留下深刻的印象，就要坐在中间的椅子上。心理学家普里亚·拉古比尔和安娜·巴伦苏埃拉对电视游戏节目《智者为王》做过很多分析。在节目中，选手们围成半圆形，每一轮辩论都会有一位选手被其他选手投票所淘汰。平均而言，站在半圆形中间位置的选手大约有42%的机会进入决赛，并且会以大约45%的概率赢得比赛。而那些站在边角位置的选手进入最后一轮的概率只有17%，赢得最后比赛的概率只有10%。在另一个实验里，研究人员向参与者们展示了五名申请实习工作的候选人的照片，要求他们从中选出一位。结果，放在中间位置的人的照片被选择的概率要大大高于放在边角位置的人。研究人员确信，人们在看一个集体的时候，总是下意识地认为"重要的人坐在中间"，这种现象叫作"中间位置"效应。

保持简单的原则

当你为一个全新的项目、活动或产品起名时，要尽量简单明了。普林斯顿大学的心理学家亚当·阿尔特和丹尼尔·奥本海默研究了一些公司在股票市场上的市值，结果发现，那些名字简单易记的公司（比如"Flinks公司"）比那些名字复杂拗口的公司（比如"Sagxter 公司"）表现得更成功。进一步研究表明，这并不是因为大型公司倾向于使用更为简洁的名称，而是因为人们有一种更容易记住那些发音简单、好读的名字的倾向。

注意你的语言

谁不曾试过在一份报告或是信件里加入一两个比较复杂的单词，从而让自己显得博学多才呢？但是丹尼尔·奥本海默的研究表明，对华丽辞藻的过多使用往往会起到反作用。

奥本海默系统地检查了各种不同文本（包括工作申请、毕业论文以及笛卡尔的书籍等）使用复杂词汇的状况。接着，他要求参与者阅读这些文章的段落，并对那些宣称写下这些文章的作者的智力水平进行打分。结果，使用的语言越简单的作者排名越高，这表明了过度使用复杂的语言，会给人留下不好的印象。奥本海默将这种研究结果写入了一篇名为《卖弄辞藻的结果：不必要地使用复杂词汇带来的问题》的论文里。他的研究表明，用难以辨认的字体进行写作，也会降低人们对作者智力水平的评价，因此，要使人们对你的文章给出好评，就尽量避免繁复的语言表达。■

如何让自己讨人喜欢

能否讨人喜欢，这对每个人来说都很重要。民意调查组织对 1960 年以来的历届美国总统候选人的公众认知度进行了调研，重点集中在候选人的政策影响、政党派系属性和受欢迎程度三方面。在这三个要素里，只有受欢迎程度能够持续、准确地预测到谁会当选。与此类似地，多伦多大学的心理学家菲利普·诺尔对民众的恋爱关系进行了一番研究，结果表明，讨人喜欢的人的离婚率要比一般人低 50%。实际上，讨人喜欢甚至可能会挽救你的生命，因为其他研究显示，医生愿意与讨人喜欢的病人保持联系，并督促他们及时地到医院检查。

但是，怎样才能有效保证你赢得他人的好感呢？自我激励大师戴尔·卡耐基曾非常睿智地指出，让自己受欢迎的不二法门，就是真诚地表达对他人的兴趣。实际上，卡耐基还说，与其让周围的人对你产生兴趣，还不如真诚地培养自己对他人的兴趣，这可以让你在两个月内结交的朋友数目比其他人两年的还要多。还有研究者提供了其他一些快捷有效的方法，比如对他人发出真诚的赞美，配合他人的肢体语言与讲话风格，表现谦虚，大度地为别人付出自己的时间、资源和技能，等等。毫无疑问，这些技巧都是有效的。而科学研究表明，还有其他一些更微妙的办法可以帮你赢得朋友并影响他人。你只需要从本杰明·富兰克林那里接受一个小小的建议：偶尔犯一两个小错误，同时善用闲谈的力量。

　　18 世纪的美国博学者和政治家本杰明·富兰克林曾一度想跟宾夕法尼亚州州议会的一位议员合作，但这位议员极度难缠且有一副铁石心肠。富兰克林该怎么办呢？是卑躬屈膝地讨好他，还是用更强硬的态度震慑他？都不是。他用了完全不同的策略。他知道那位议员的私人藏品中有一本稀世藏书，就询问议员能否把书借给他看几天。议员同意了，接下来发生的事正如富兰克林所描写的："当我们再次见面时，他主动过来跟我说话了（他之前从未这样做过），而且非常有礼貌。后来，他还向我表明他随时愿意为我效劳。"富兰克林将这次成功归结为一个简单的原则：曾经帮过你一次忙的人，会比那些你曾帮助过的人更愿意对你提供帮助。换言之，要想增强某人对你的好感度，就请他帮你一个忙吧。一个世纪以后，俄国小说家列夫·托尔斯泰对这一原则也表示了赞同，他说："我们并不因为别人对我们的好而爱他们，而是因为自己对他们的好而爱他们。"

　　20 世纪 60 年代，心理学家琼·杰克和戴维·兰迪进行了一项研究，想看看这个有 200 年历史的古老方法在 20 世纪是否还行得通。在一个实验中，他们安排参与者赢得一些钱，等第一组参与者离开实验室时，一位研究人员追上了他们，恳求他们帮一个忙。研究人员表示，他是用自己的钱来做实验的，现在他身无分文，能否请参与者把钱返还给他。第二组参与者则被另一个研究人员追上搭话。这位研究员是心理学系的秘书，他在与参与者聊天时，提出了同样的要求，只不过这次他的说法是，实验经费是由心理学系赞助的，不是私人的钱，现在系里资金短缺，所以参与者能否把钱返还给他。之后，所有的参与者都被要求对这两位研究人员的喜爱程度进行打分。正如富兰克林与托尔斯泰所预测的那样，参与者们对以个人名义恳求帮助的研究人员的喜爱程度，远远高于那位以心理学系名义寻求帮助的研究员。

虽然这听起来很奇怪，但是这种奇怪的现象（现在被称为"富兰克林效应"）却是有理论根据的（至少在请人帮小忙时如此，如果请人帮大忙的话，情况可能恰恰相反，人们要么给予吝啬的回应，要么直接回绝）。大部分时候，人们的行为都是遵循他们的想法和感觉的。如果他们觉得快乐，就会微笑；如果他们觉得对方有魅力，就会用充满渴望的眼神直视其双眼。反过来也是一样：让人们微笑，就会让他们感觉快乐；让人们直视对话者的眼睛，他们通常会觉得对方更迷人。同样的道理也适用于请人帮忙，要想让别人喜欢你，可以恳求他们给予你一些小帮助。

富兰克林效应并非唯一违反直觉且能帮我们讨人喜欢的方法，还有另一种方法也有相同的效用，它曾帮助肯尼迪成为美国历史上最受欢迎的总统之一。

1961年，肯尼迪下令美军从猪湾入侵古巴。这场军事行动最后以惨败收场。直到现在，历史学家们仍然认为这是肯尼迪的一次重大决策失误。但是，在猪湾入侵事件失败后的一次全国民意调查显示，虽然肯尼迪做了灾难性的决策，但是他的受欢迎指数不降反升。这种奇怪的现象可能要归结于两个因素：一是肯尼迪并没有试着为自己的决策失误找借口或替罪羔羊，而是承担了全部责任；二是在猪湾入侵事件之前，肯尼迪一直被美国人视为超级英雄——一位充满魅力、帅气、具有力量且从不会犯错的男人。猪湾事件的失败反而让他更像一个普通人，因此也更受人喜爱。

　　加利福尼亚大学的心理学家埃利奥特·阿伦森和他的同事决定做一项实验，看看偶尔犯一两个错是否真有助于提升测试者的受欢迎程度。他们让参与者聆听两盒录音带中的一盒，这两盒录音带的内容都是某位学生参加一次知识问答时的谈话，同时，这个学生还谈论了自己的背景。学生在问答中表现很出色，不仅正确地回答了超过 90% 的问题，还谦虚地承认，这是他一生中做的为数不多的比较成功的事情。在其中一盒录音带的结尾，参与者听到了这位学生打翻了一杯咖啡的声音，而且肯定他弄脏了自己的新衣服，而另一盒录音带里则没有。研究人员请所有的参与者对这位学生的喜爱程度进行打分。虽然两盒录音带只有学生打翻咖啡杯的那部分不同，但和猪湾事件后的肯尼迪一样，不小心打翻咖啡杯并承认错误的学生显然更讨人喜欢。有趣的是，只有当某人看起来接近完美的时候，犯一两个小错误才会产生这样的效果。在阿伦森这次研究的另一部分，研究人员给参与者聆听的是另一个学生的录音，这个学生成绩普通，在问答中只答对了 30% 的问题。在这样的条件下，打翻咖啡杯的行为使他的得分直线下降，因为参与者将其视为一个彻底的失败者。

　　这个被称为"出丑效应"的奇怪法则对美国历任总统来说很灵光，但在其他人身上也有同样的效用吗？为了找到答案，我最近对阿伦森的实验进行了重置，不过这一次的实验场景设在了购物中心。

在实验中，我们聚集了一群人，并向他们解释说一会儿将有两个职员向他们演示如何使用一种新型的榨汁机。第一位职员是萨拉，她在实验中扮演的是"完美"角色，在演示的前一晚，她已经掌握了如何使用榨汁机并背熟了所有的宣传语。只见她熟练地将水果放入搅拌机，盖上盖子，榨汁机发出"嗡嗡"的榨汁声，很快鲜果汁就注满了杯子。众人对萨拉娴熟的手法报以热烈的掌声，并热切地期待第二位演示者登场。接着，艾玛上场了，她在实验中扮演的是"不完美"角色。在她的演示中，她也先将水果放入搅拌器，盖上盖子，榨汁机发出"嗡嗡"的声音并开始榨汁，但是突然盖子被碰飞了，艾玛只好用力摇晃榨汁机底部，将还有很多残渣的果汁倒了出来。众人向她报以同情的掌声。

接着，该调查人们对两位演示者的喜爱程度了。我们采访了一些观众，问到底哪一位演示者给他们的印象更深刻？他们在看完谁的行动后决定购买？最重要的是，他们更喜欢谁？虽然人们都认为萨拉的演示动作更专业，说法也更令人信服，但大家却更喜欢艾玛。当询问原因时，受访者说完全模仿萨拉完美无瑕的动作非常困难，但艾玛的演示则更符合一般人的能力。虽然这不是一个完美的实验（比如艾玛和萨拉不是一模一样的双胞胎，所以外形上可能会影响参与者的判断），不过，这个实验的确进一步证明了：偶尔出一点丑，反而有利于让你更受欢迎。

第三种也是最讨人喜欢的方法，涉及一个重要的人性特点——喜欢

八卦。绝大多数人都会传播一些关于朋友和同事的小道消息，但这种行为真的对他们有利吗？位于纽瓦克的俄亥俄州立大学的心理学家约翰·斯科夫尤斯基与他的同事进行了一项实验，研究传播恶意八卦所带来的负面影响。参与者们观看了一段演员评论第三方（比如谈论者的熟人或朋友）的视频。这位演员对朋友的评价很负面，比如，"他非常讨厌小动物。今天他走进商店时看到一只小狗，竟然一脚把它踹开了。"事后，研究人员请参与者对这位演员的喜欢程度进行打分。令人惊讶的是，虽然视频里的演员只是在批评别人，但参与者却把这个缺点与评论者本人联系在一起。这种效应就是"同步特质转移"，它揭示了八卦所带来的好处和坏处。当你八卦某人的时候，聆听者会不自觉地将你与你所谈论的人的特质联系起来，最终被你八卦的人所具有的特质就会"转移"到你身上。因此，和朋友、同事多说一些积极正面的好话吧，这样你也会被视为好人。反过来，经常抱怨朋友和同事的缺点，人们会无意识地将这些缺点与你联系起来，并降低对你的评价。■

用行动转化"能量"
让你更受欢迎的三种方法

激励专家经常提及，只要你变得更热情、更谦卑、更慷慨，你就会更受欢迎。也许他们是对的，但除了这些，还有三种方法能提升你受欢迎的程度。

富兰克林效应

当别人帮了你一个小忙后，会更喜欢你，但这种心理效应有其应用范围，只有当你恳求别人给予一些小恩惠时才奏效，若是你要求别人帮大忙，这可能会让别人变得吝啬或直接回绝。

出丑效应

偶尔犯错会增强你的受欢迎程度，但记住只有别人认为你是近乎完美时，这样的心理效应才会奏效。

八卦效应

你要知道，你对别人的品格进行怎样的评价，很有可能都会返还给你，让人认为你拥有同样的特质。■

　　尽量把案例个人化。1987年，美国民众一共捐献了70万美元，帮助得克萨斯州一位掉落井里的婴儿。在2002年，民众一共捐献了48 000美元帮助一条被困在太平洋船上的小狗。与此形成鲜明对比的是，很多慈善机构在帮助超过1500万人摆脱饥饿，或是为美国上万名死于车祸的儿童的募捐这些事上却成效甚微。为什么会出现这样的状况？在最近的一项调查里，研究人员花钱请人参加了一次实验，然后告诉他们有机会将所得的报酬捐给"拯救儿童"慈善组织。在他们进行捐献之前，一半的参与者查看了一些数据，知道赞比亚还有数以百万计的人深陷饥荒的困境，而另一半参与者则看了一个只有七岁的非洲女孩的悲惨遭遇。那些了解这位非洲女孩故事的参与者捐献的钱是那些看到总体数据的参与者的两倍多。这看上去不符常理，但是相较而言，人们更容易受到某个个体遭遇的影响。

　　"是的，是的，是的。"南卫理公会大学的心理学家丹尼尔·霍华德在20世纪80年代进行了一项实验，证明了积极的话语更具说服力的观点。霍华德让研究人员给随机挑选的人打电话，询问是否可以让一位来自"解决饥饿委员会"的代表去他们家售卖一些曲奇饼，收入将用作慈善。有一半的研究者在开始对话的时候，尽可能把问题简单化。他们会问："你今晚感觉如何？"正如研究人员期望的那样，绝大多数人都会给予积极正面的回答（比如，"很好""很开心，谢谢！"）。更重要的是，这种给予肯定答复的行为会对他们是否允许销售人员进入家中产生积极的影响。在所有首先以"你感觉如何"开场的小组里，32% 的受访者接受了要求，这与"一开始没有提出问题"的实验对照组只有 18% 的受访者接受要求形成了鲜明的对比。这个实验传递出的信息就是，当人们已经对某些事情给了肯定的答复之后，他们就很有可能会对你表示认同。

"让我得到这个。"格里高利·拉兹拉恩在 20 世纪 30 年代进行了一系列的研究实验，发现人们在吃饭的时候，很容易对别人介绍的某些人、事或话语产生特殊的好感。这种效应可能是因为这样一个事实，即美味可口的食物会让人处于愉悦的状态，从而让他们在很短时间内做出较为冲动的决定。最近，研究人员发现，那些刚刚喝完含咖啡因饮料的人，更容易在争议性话题上受他人的影响。简而言之，这些实验结果充分证明了一点，即世界上没有免费的午餐这回事。

善用技巧，用具有韵律的语调说服别人。德国哲学家费德里希·尼采在他那本影响广泛的著作《快乐的科学》里，提到了富于韵律的诗歌之所以本能地吸引我们的心智，是因为它们具有神奇的音调，听上去仿佛上帝的倾诉。虽然这样的观点并没有被广泛接受，不过最近的研究显示，韵律的确能起到惊人的效果。心理学家马修·麦格隆与杰西卡·托费巴克莎进行了一项实验，告诉人们一些富于韵律的著名话语（比如"有才才能发财"）与一些缺乏韵律的话语（比如"有能力才能致富"），然后让读者对这些话是否精确地描述了人类的行为进行打分。结果，有韵律的句子明显得分更高。作者认为，之所以会出现这样的结果，是因为这些句子容易记忆、受人喜欢。这种心理效应经常会运用到广告宣传上（比如"掀开被子，来一杯咖啡"[①]），当然这样的方法还被用到法庭辩论上。当律师约翰尼·科克伦为辛普森辩护的时候，就用了这句话"如果手套不合适，你就必须被无罪释放"[②]。

我们都喜欢跟自己相似的人。为了更好地说服他人，研究人员指出了一个简单的事实：相似性也会起到很大的作用。比方说，山姆·休斯顿州立大学的心理学家兰迪·加纳就做过一个实验，他将调查问卷寄出去的时候，对封面页的收信人名字进行了更改，测试姓名匹配度对于人的心理暗示作用。因此，在"姓名匹配"的那一组里，一位名叫弗雷德·史密斯的参与者收到了一位名为

---

① 英文原文为：The best part of waking up is Folgers in your cup。
② 英文原文为：If the gloves don't fit, you must acquit。

弗雷德·琼斯的信件，而在"姓名不匹配"的一组里，参与者朱莉·格林收到了一位名叫阿曼达·怀特的信件。这一简单的操作大大影响到了收件人回信的比例。在姓名不匹配的情况下，收件人只有30%的回信率，而在姓名匹配的情况下，回信率则高达56%。其他的研究结果同样显示，我们更倾向于支持或是同意那些与我们相似的人。在一次研究里，超过6000名美国选民对自身以及约翰·克里与乔治·布什的个性同时进行评价。这些选民都认同一点，即克里要比布什更容易接受新观念，但是他们同时认为布什要比克里更忠诚与真诚。那些投票给克里的选民认为自己要比投给布什的人更开明，而那些投票给布什的人则认为自己要比投给克里的人更值得信任。无论这些相似性是存在于衣着、言语、背景、年龄、宗教、政治、喝酒、抽烟、喜欢的食物、观点、个性或是身体语言上，我们都喜欢那些与我们存在相似性的人。我们会发现，这些人要比与我们缺乏相似性的人更能说服我们。

记得提起你的宠物。在说服别人这个问题上，你要努力让自己放松下来。在心理学家卡伦·奥奎恩与乔尔·阿罗诺夫共同进行的一项研究里，研究人员要求参与者就购买一件艺术品的价格与卖家进行谈判。在谈判行将结束时，卖家用两种不同的方式给出了一口价。一种是卖家说他们愿意接受6000美元的价格，另一种是他们同意相同的价格，并且说一句幽默的话（"我的一口价是 6000 美元，看来要将我的宠物蛙倒贴进去了。"）结果，当参与者听到宠物蛙的时候，他们更愿意在购买价格上让步，不论卖家提出的一口价是否高于参与者一开始提出的价格。看来，幽默在那个短暂的时刻，能让参与者感受良好，促使他们做出更大的让步。因此，当你下次想得到渴盼的东西，记得要提及自己的"宠物"。■

为什么"厨子太多反而没人煮饭"

1964年3月13日，一位名叫凯蒂·杰诺维斯的年轻女人在返回她位于纽约皇后区的公寓路上，成了一场凶残袭击的受害者。虽然她将车停在离家门不到一百英尺的地方，但却在前往公寓的短短路程中被一名穷凶极恶的歹徒连捅数刀。虽然遭遇这样的厄运，她依然拼命呼喊救命，挣扎着朝公寓的方向走去。遗憾的是，歹徒走上前，继续朝她乱捅了几刀，结束了她的生命。

3月27日，《纽约时报》对这次袭击事件进行了头版报道，描述了许多"受人尊重、遵纪守法的公民"在现场目击了这一切，或是听到了受害者的救命呼喊，却在袭击过程中没有报警。负责该案的警官也无法理解为何现场那么多目击者无动于衷。这则新闻很快就被其他媒体转载，大多数记者得出了一个结论，即杰诺维斯的邻居根本就是缺乏正义感的人，不愿意参与进来，并且表示这件事充分说明当代美国社会已经失去了原有的价值观。这则悲伤的故事吸引了公众的眼球，并且激发人们创作了几种相关的书籍、电影与歌曲，甚至一出音乐剧竟然起了一个颇具争议的名字《凯蒂·杰诺维斯的尖叫》。

现场目击者袖手旁观的行为，让两位当时正在纽约工作的心理学家困惑不解。比布·拉特纳与约翰·达利并不相信当时新闻报道广泛传播的旁观者冷漠无情、缺乏怜悯心的说法。他俩着手对造成当时目击者袖手旁观而不是选择报警这一行为中的多个因素进行了一番调查。这两位研究者认为，目击者人数众多这一事实可能对事件结果有着重要影响。于是，他们进行了一系列严谨的实验去进行验证。在过去三十多年里，他们的实验几乎出现在每一本研究社会心理学的书籍里。

在他们的第一次实验里，拉特纳与达利让一位学生在纽约大街上假装癫痫发作，然后观察路人是否愿意帮忙。他们感兴趣的是，现场的人数数量是否会影响他们伸出援手的意愿。研究人员在人数不等的情形下分别做了实验，其结果很清晰，但违反了人性的直觉：目击人数越多，伸出援手的人反而越少。只有一个人在场时，假装癫痫发作的学生得到帮助的概率是85%，而当在场的人数有五个人的时候，他得到帮助的概率则只有30%。

在另一场实验里，研究人员将研究的场景从大街上转移到人数众多的等候室。这时，研究人员并没有继续使用假装癫痫发作的方法，而是制造了另一种更恐慌的情境：虚假的烟雾从等候室的大门下冒进来，这说明该栋建筑出现了险情。此时，研究人员发现，等候室里的人数越多，大家去拉警报的概率就越低。当等候室里只有一人时，拉响警报的概率是75%；而人数在三人左右时，拉响警报的概率只有38%。其他的实验也得出了相同的结果，而且这与帮助的需求大小没有任何关系。比方说，研究团队安排了145名助手搭乘了1497次电梯。在每次搭乘电梯的过程中，这些助手都会故意丢下一些硬币或是铅笔。在这一过程中，一共有

4813 个人与他们共乘一部电梯。当他们只与一个人搭乘电梯时，掉下的硬币与铅笔被对方捡起来的概率是 40%，而当他们与六个人一起搭乘电梯的时候，被帮助的概率只有 20%。

从帮助一位受困的摩托车手到献血，从报告商店里来了抢劫犯到打一个紧急的电话，相同的模式屡次出现。那些目睹了凯蒂·杰诺维斯遭受袭击的人并非特别冷漠或自私——他们之所以做出那样的表现，是因为当时在场的人太多了。

为什么房间里的人越多，出来帮忙的人反而越少呢？当我们面对一件相对不寻常的事情，比如一个人倒在街上，我们面临好几种选择。也许，这是一次真正意义上的紧急情况，那个人真是癫痫发作了；也许，他只是不小心跌倒了；或他只是在假装，这不过是一场社会心理学实验的一部分；又或者这只是他特效表演的一部分，隐藏的摄像机在记录着这一切；甚至他只是一位在街头表演的哑剧演员。无论出于哪一种可能，我们都必须迅速做决定：一种可行的方法就是观察我们身边人的反应。他们是冲上去帮忙，还是继续手头上的事呢？他们是打电话呼叫救护车还是继续若无其事地与朋友闲聊？因为绝大多数人都不愿意在一群人中表现得特别扎眼，所以会等别人先站出来，给自己一些指引。这就是为什么在突发事件中，很多人往往袖手旁观。这还涉及责任心的问题，绝大多数日常生活场景都缺乏清晰的指挥系统。自己有义务提供帮助吗？自己行动了身边人会怎么看呢？人群中的每个人都会用相同的方式思考，这也导致了谁也不愿意第一个行动。

当你一人面对这样的情形时，情况则大为不同。突然，你要独自一人承担所有的责任。要是那个倒在大街上的人真的需要帮助呢？要是这栋建筑真的着火了呢？你是否想成为那个袖手旁观的人呢？在身旁没有第三者的情况下，绝大多数人都会过去了解情况，并且提供一些帮助。

当38名目击者对凯蒂·杰诺维斯遇害时袖手旁观的行为被报道后，拉特纳与达利就此进行了具有开创性的研究，他们发现了隐秘的"旁观者"效应。有趣的是，最新的研究结果显示，一开始这则谋杀新闻的报道可能夸大了旁观者的数量，当年曾参与该案的律师说，他们只能找到6位愿意站出来的目击证人，但他们都表示没有看到杰诺维斯当时遇刺，并且至少有一人说自己在事发时报了警。无论他们在那个特殊的晚上做了怎样的反应，在媒体报道之后，心理学家们进行的一系列实验都让我们深刻明白了一点：紧急时用手指着单个人求助，要比向一群人大声呼救好得多。■

用行动转化"能量"
有效获得帮助的方法

"旁观者"效应传递出清晰的信息——当某人需要帮助的时候，身边的陌生人越多，他真正得到帮助的概率就会越低。

因此，如果你非常不幸地在大街上需要帮助，怎样才能增加得助的概率呢？说服专家罗伯特·恰尔蒂尼给出了很好的建议：从人群中挑选一位面容友善的人，然后清楚地对他说明发生了什么事以及需要他怎么做。可能是你突发心脏病，要他呼叫救护车，或是你突发糖尿病，要尽快补充糖分。你要防止人群出现"观望"的境况，清楚地讲述自己面临的问题，将人群中某个陌生的对象变成真正能给予你帮助的人。

避免"责任分散"的状况，需要你运用智慧和技巧。比方说，当你想通过电子邮件说服别人给予一些帮助，不要将邮件群发，否则"责任分散"效应就会出现，大家都会认为别人有责任对此做出反馈。为了增强获得别人帮助的概率，你要独自向被求助者发送邮件。■

【心理学链接：每一分钱都很重要】

　　"捐款箱"的设置是否与人们的捐赠额息息相关呢？为了找寻答案，我与鲍德斯书店进行合作，进行了为期一周的秘密研究。参与此次研究的书店得到了四个捐款箱。这些捐款箱在大小与形状上都是一样的，标注着接受捐款的慈善组织——国家读写能力信托机构的名字。捐款箱分别贴了心理学家们认为非常有效的四句话："请慷慨赠予""每一分钱都很重要""每一美元都很重要""你能改变世界"。研究人员要求书店经理将捐款箱随机放在四个登记处，然后检查各个捐款箱所得的数目。

　　捐款箱上的文字是否会影响人们的捐款热情呢？当然。在研究结束后，写着"每一分钱都很重要"的捐款箱筹到的善款最多，钱数占总额的62%，而"每一美元都很重要"的捐款箱筹到的善款最少，只占总额的7%。为何会出现这样的结果呢？根据亚利桑那州立大学的心理学家罗伯特·恰尔蒂尼的研究结果，很多人都认为，若是将一笔小钱投入捐款箱，会让他们感觉自己很卑微，因此根本就不会捐款，"每一分钱都很重要"则打消了他们的顾虑。与此相反，"每一美元都很重要"起到了反效果——那些原本想捐一笔小钱的人会突然觉得自己捐款的无足轻重，因此选择了放弃。

　　在这次实验的另一部分，我们将捐款箱涂上不同的颜色，结果涂红色的捐款箱收获最多，也许是因为红色能带给人紧迫感。有趣的是，捐款箱所处的位置也会影响善款的多少。

总而言之，捐款箱若涂上红色，贴着"每一分钱都很重要"的文字，收获将会翻倍。■

帮别人搔背的重要性

《圣经》有句话："施与总比索取好。"说服心理学进行的许多研究也验证了这样的观点，虽然它并非《圣经》提出这个观点的本意。

1970 年 12 月，心理学家迈克尔·孔兹与迈克尔·沃尔科特进行了一场也许是历史上最简单的社会心理学实验。在数周的研究里，他们邮寄出许多张圣诞贺卡。不过，孔兹与沃尔科特却没有将这些贺卡寄给他们的朋友、家人与同事。事实上，他们只是从当地的电话黄页随机挑选了一些收信人的名字与地址。他们研究的目的，就是想要知道，当人们收到一位陌生人寄来的贺卡时，是否也愿意给其回寄。结果，孔兹与沃尔科特很快就收到了绝大多数收件人寄来的贺卡。

这种互惠原则已经为那些对说服科学感兴趣的人所认知。

在 20 世纪 70 年代，心理学家丹尼尔·雷根邀请一些志愿者进行了一场探究美学与艺术的实验。研究人员邀请志愿者去参加一个展览，并对志愿者说，当他们到达时，会有另一位志愿者陪同。事实上，如果你参加了一场社会心理学的实验，并且需要与另一名志愿者见面，可以百分之百地肯定你的这位新朋友其实是研究人员安排的"托儿"。没错，雷根的这个实验也是如此。这位托儿事先已得到非常细致的指引。当他陪伴那位志愿者欣赏画作时，突然谎称自己非常口渴，于是朝摆满免费饮品的餐桌走去。他喝完水后精神焕发，然后"顺手"给那位真正的参与者带了一罐饮料。

在他们对所有的画作进行评分之后，这位托儿对真正的志愿者说，他正在销售一种彩券，现在只剩最后几张了，每张彩券的价格是25美分，如果他能将其卖掉，就能得到50美元的奖励。他恳求这位参与者帮帮忙："买多少都无所谓，表示下心意就好。"

虽然那罐饮料并没有让那位托儿花钱，但对志愿者的购买行为却产生了重要的影响。得到免费饮料的志愿者购买彩券的数量是那些没得饮料的志愿者的两倍之多。

其他几个实验同样证明，这种明显的自发性恩惠会激发起我们内心给予回报的强大需求。在某个实验里，心理学家大卫·斯托梅兹与他的同事安排侍者在递给客户账单时做一些区别性的行为，随身带上一些糖果，测试这对客户给的小费金额是否有影响。在第一组，就餐的人非常不走运，他们在侍者递上账单时没得到糖果。在第二组，侍者递账单时会给就餐者送一颗糖果，这种简单友善的示好行为让侍者多收获了3%的小费。第三组的侍者在递账单时给了就餐者两颗糖果，结果他们得到的小费比第一组高出14%。整个实验最有趣的部分出现了。在第四组，研究人员要求侍者在递账单时送给就餐者一颗糖果，在他们转身要离开餐桌时，再从口袋里掏出一颗给就餐者。就糖果数量而言，第四组就餐者得到的糖果数与第三组的是一样的，但从心理学层面而言，区别非常大，侍者在最后额外地给一些小恩惠，收获的小费同比增长了 23%，这的确让人大吃一惊。

为什么这样的小恩惠能带来如此巨大的差异呢？

根据社会学家的说法，真正维系任何一个社会健康运转的法则，其实只有几条而已。这些法则几乎能在任何一个文明社会里找到，从而保证公共社会顺畅地运转。也许，最著名的一条是"千万不要因为好玩而杀人"，另一条是"不要想着与血亲或是宠物发生性关系"。即便极少数人在遵守这两条法则上存在困难，他们都会努力做到。显然，这两条基本的法则能让整个社会保持平稳发展。但是，其他一些隐形的法则，却同样对整个社会的福祉产生重要的影响，"互惠"就是其中最重要的法则之一。

为了让社会协同发展，人们需要通力合作，互相帮助。但是，一些人付出的东西始终要多于他们得到的东西，既然这样，你又怎么知道该去帮谁，该去忽视谁呢？做出这个复杂决定的关键部分，涉及一个非常简单的经验法则：你会去帮助那些曾经帮助过你的人。换言之，我帮你搔背，你也帮我搔背。这样的话，我们两个人都可以得到搔背的享受，那么整个世界也就和谐了。如果每一种互惠的行为都是即时发生且对等的话，那么这个世界就不存在任何剥削，也就不会让从事说服研究的心理学家们如此着迷了。若是站在研究人员的角度去看，真实的"搔背"世界要更复杂一些。如果我帮你搔背，这说明我喜欢或信任你，当我需要帮助的时候，你就应该过来帮我，否则无法达成某种平衡。在艺术画廊的那次实验里，拿一罐饮料是免费的，但这同样足以说服接受帮助的人去购买彩券。在餐馆进行的那次实验，额外给予的那一颗糖只值几分钱，却让就餐者多给了许多小费。

我们都喜欢那些帮助过我们的人，我们也会帮助那些喜欢我们的人。但就恩惠而言，我们只需要得到一点小小的帮助就会喜欢一个人，然后据此进行回馈。看来，如果你想帮助自己，首先就要去帮助别人。■

用行动转化"能量"
获得回报的方法

　　研究显示，给予他人一些小恩惠，通常会让对方给你一些巨大的回报。这是否意味着所有的恩惠都是一些特殊给予或是帮助行为的结果呢？补充进行的研究显示，还有几个细微的因素，会影响到恩惠能否取得最大化的效果。

　　当恩惠发生在两个并不熟悉的人身上，并且这些恩惠是较小但却很用心的时候，才能收获最大化的效果。当人们耗费大量努力去帮助某人的时候，受惠的一方通常都会感受到给予回馈所带来的巨大压力。事实上，若我们从一开始就给予别人巨大的恩惠，会让对方处于一种较为艰难的位置，因为回馈法则显示，受惠的一方要给予更多的回馈。这间接提醒了受惠的一方：自己之所以需要别人的帮助，是因为没有能力靠自己取得成功。如果这些恩惠被归结为另有所图的时候，受惠方的自尊还会受损。因此，要想取得最大的说服效果，请记住：将你的恩惠留给陌生人，礼轻没有关系，但这份情意最重要。这样的恩惠应该发自内心，而不是我们精明计算后的结果。

　　回馈的程度也受文化方面的影响。在哥伦比亚大学商学院的教授迈克尔·莫里斯与他的同事进行的一项研究里，来自不同国家的人被问及什么会影响他们向求助的同事施以援手时，美国人多半受回馈法则的影响（比如"他过去帮过我吗？"），德国人则更关心他们的行为是否符合公司规定，西班牙人受友情与个人喜好的影响最大，中国人则会根据这位同事的地位决定是否给予帮助。

最后，如果你想要让投资获得最大的回报，可以迅速恳求受惠者给予你一些帮助。斯坦福大学的弗朗西斯·福林曾对美国一家航空公司客服部的员工进行一项调查，结果发现在你帮助别人之后，立即求助对方才能得到最大的回报。看来，如果你将索取回馈的时间拖得太长，对方要么会忘记过去发生的事，要么会认为你已然很强大，根本无须给予回报。◼

不要再次丢掉钱包

几周前，我丢了钱包，感到很恐慌，接着强迫自己冷静下来沿着原路找寻，最终一无所获，不得不去挂失所有的信用卡。不过，好的一面是，我现在拥有了一个更好的新钱包，真希望它再不会与我分离。因此我就想，我该在钱包里放什么，才能最大化地增加拾金者返还钱包的概率呢。

事实证明，我并非思考这问题的第一人。早在20世纪60年代末的时候，研究人员就为此进行了多次实验。他们故意将钱包丢在人流密集的大街上，观察钱包返还的概率。也许，钱包"丢"得最多的是来自哥伦比亚大学的心理学家哈维·霍恩斯泰恩。

霍恩斯泰恩多年来系统化地研究了影响钱包返还率的诸多因素。比方说，在一个实验里，他想检验钱包里有哪些东西给人带来积极的情绪，能否增加钱包返还的概率。与霍恩斯泰恩进行的许多实验一样，这次实验也有两种不同的设定。他对钱包还做了一些手脚，以提醒拾到钱包的人：失主丢失了钱包，某人发现这个钱包后，根据里边的小纸条，打算用信封将钱包装好寄回给失主，但在前往邮局的路上，又不小心将整个信封丢失在大街上。那些事先不知情就参与霍恩斯泰恩实验的人，发现了这个没开启的信封以及里面的钱包，还看到了钱包里的小纸条，他必须决定是否将钱包寄回给失主。半数的纸条都写着能激发积极情感的话语（比如"帮助别人是一件快乐的事……"）而另一半的纸条传递的情绪则相对消极（"我对自己必须返还钱包的事感到很烦恼，我希望你能理解我的心情"）。纸条上的这些话对捡到钱包的人的行为产生了很大影响。在贴着积极话语的钱包里，钱包返还率达到 40%，而写着消极话语的钱包里，返还率只有可怜的 12%。

虽然霍恩斯泰恩的研究结果很有启发意义，但我却不大愿意在钱包里贴上写满积极乐观话语的纸条，虽然这在理论上说得通，但在现实生活中并不太可行。我努力让自己保持平静的心态，向我的朋友们就我该在钱包里放什么东西，才能增加钱包返还率这方面寻求有用的建议。他们的回复是：可以放一个婴儿、小狗或是其他能说明钱包拥有者是一个善良的人的照片。为了验证他们的想法是否真的有效，我沿用霍恩斯泰恩的研究方法，重新做了一次类似的实验。

我买了 240 个钱包，在钱包里塞进了日常生活中常见的东西，包括彩券、优惠券、一张假的会员卡。接着，我将四张不同的照片分别塞进 40 个钱包里，用去 160 个钱包。这些照片上分别是一个微笑的婴儿、一条可爱的小狗、一张全家福、两位面容安详的老夫妻。另外 40 个钱包里塞进了一张钱包拥有者最近捐钱给慈善机构的证明卡片，而最后 40 个钱包则什么都没有放。额外塞进的这些照片都是放在钱包的那层透明塑料膜里，以便让捡到的人一打开就能清晰看到。所有钱包都被随机打乱顺序。在接下来的几个星期里，研究人员秘密地将这些钱包丢在人流密集的大街上，但同时也远离邮箱、垃圾箱、呕吐物或是狗屎。

在一周时间内，有 42% 的钱包被返还了，一个清晰的返还模式显示出来。在所有返还的钱包里，只有 6% 的钱包里是没有照片和证明卡的，8% 的钱包里面装着慈善证明卡。钱包里面装着老夫妻、可爱小狗与全家福照片的钱包分别占 11%、19% 与 21%。占据返还比例最高的就是装着微笑婴儿照片的钱包，占总数的 35%。

为什么在钱包里放微笑婴儿的照片会取得如此好的效果呢？答案可能深藏在我们的进化过程中。牛津大学的科学家测试过当人们看到一张婴儿或成年人的脸庞时大脑做出的反应。大脑的活动区域中参与决策的部分（所谓的"眼窝前额皮质"），在看到婴儿笑脸之后的七分之一秒内就会产生反应，反应时间要快于看成年人的照片。这极为短暂的反应时间，是意识根本无法控制的。很多科学家都认为，"婴儿的笑脸"与大脑区域活动的联系可追溯至数千年前，它会让我们感觉良好，从而产生要保护好后代的想法，因此我们更愿意去帮助那些无助的婴儿。按照这种观点，那些打开钱包看到婴儿笑脸照片的参与者，在看到婴儿萌萌的眼睛、宽额头与扁平的鼻子时，根本无法控制大脑本能的反应。在那极其短暂的时间里，深藏在我们大脑里的进化机制会迅速激发我们内在的关爱情绪，从而让我们变得更具怜悯之心，因此也更愿意返还钱包。

  无论是哪一种解释，其结论都异常清晰：如果你想增加丢失钱包的返还率，就要将一张最可爱的婴儿照片放在钱包里，并且要保证捡到钱包的人在打开的那一瞬就能看到。■

第三章　魅力

Chapter 3

想象一下，如果有人递给你一个饼干罐子，里面只有一块饼干，他请你拿起来尝尝味道怎么样。接着你要做同样的事情，但这次罐子里有两块饼干。你可能会想，不管有多少块，饼干的味道对你来说都是一样的。这听起来很有道理，但事实并非如此。夏威夷大学希洛分校的心理学家斯蒂芬·沃切尔研究证明，人们普遍觉得从一个几乎要空了的罐子里拿出来的饼干，味道要比从满满的饼干罐里拿出的更好。

为什么会出现这样的情况呢？我们对一件东西的渴望和重视程度，取决于我们得到它的难易程度。装得满满的饼干罐暗示了饼干的数量充足。相反，几乎快空了的饼干罐意味着饼干已经变成了稀缺品，因此人们想拥有它的愿望会变得更强烈。在沃切尔的实验里，这一简单的想法无形中影响了参与者对饼干数量多少以及味道如何的判断。

同样的效应也解释了为什么收藏家愿意耗费数百万美元购买限量版的藏品，为什么人们喜欢收藏一些禁书或是禁片，为什么零售商家可以很容易将为数不多的商品销售一空。那么，这条法则也适用于恋爱约会吗？

这个问题曾引起人类历史上一些智者的思考。古希腊哲学家苏格拉底在给妓女西奥多塔如何吸引男人支招时，提到了"欲擒故纵"的策略：

"……要等他们求你的时候，才给他们最想要的，这样他们才会更加感激你。你要知道，只有在大家想吃东西的时候，肉才是最香的。如果大家已酒足饭饱，那么即使是最香甜的食物也会感觉像是变质了似的。当一个人极度饥饿时，即使是最差劲的东西，他们也会甘之如饴。"

数百年后，著名的罗马诗人奥维德也赞同地写道：

"傻瓜。如果你觉得没有必要保护你的女人，那就为了我保护她吧，这样我才会更加珍惜渴望她。呼之即来挥之即去的东西没人想要，被禁止的东西反而更有诱惑力……"

苏格拉底与奥维德的至理名言，经常能在现代众多专谈恋爱技巧的书里看到。这些书一次又一次地建议人们扮冷，把内心波涛汹涌的感情掩饰起来。问题来了，这种欲擒故纵的方式真的有效吗？

为了查明真相，夏威夷大学的心理学家伊莱恩·哈特菲尔德与她的同事进行了一系列让人着迷又有点古怪的实验。在第一次实验里，研究人员让参与的学生看一些年轻情侣的照片与个人简介，然后要求他们对每一组情侣的好感度进行打分。所有情侣的简介都是事先设计好的，从而保证一些年轻情侣看上去是在几次约会之后就坠入爱河（"容易到手"型），而其他的年轻伴侣则要花更长的时间（"欲擒故纵"型）。出来的结果与研究人员的预期大相径庭，学生们对那些在几次会面后就相恋的伴侣更有好感。为什么会这样呢？充满疑惑的研究人员进行了第二次实验。

　　这一次，研究团队请了一组之前已经在婚介所登记的女性来帮忙。每当一位男性打电话约她们出来，她们都会用两种不同的方式进行回答。在一半的电话里，她们会对约会的邀请立即接受（"容易到手"型），而在另一半的电话里，她们则会犹豫三秒钟，然后再答应（"欲擒故纵"型）。在电话之后，所有的男性都被告知，他们是在参与一场实验（"她不过是假装那样做"），然后研究人员要求他们对约会对象进行评价。再一次，研究团队发现，使用欲擒故纵的方法并没有影响男人们对约会的评价。对此，研究团队有些怀疑停顿三秒钟是不是显得太暧昧，所以才没有取得预期的效果。于是，他们决定让区别更明显一些，因而做了第三次实验。在这次实验中，在婚介所登记过的女性要么立即接受男性提出的约会请求（"容易到手"型），要么就停顿一下，然后解释说约她的人很多，只能出去喝一杯咖啡（"欲擒故纵"型）。然而这一次的实验……竟然也并没有影响到之前的结果。

　　为了彻底揭开这个谜团，哈特菲尔德和研究团队询问了一组男人，问他们相较于那些使用欲擒故纵法的女人，他们是否更愿意与马上想建立关系的女人约会。绝大多数参与者都说，每一种选择各有利弊。根据这些参与者的说法，在与"容易"追到的女性相处时，会感到更放松与有趣，但她们在公共场合很容易引发尴尬。与此相反，追到了那些欲擒故纵的女性，虽然能满足男性的征服欲，但她们通常都不太友善，表现冷淡，甚至在朋友面前让自己难堪。于是，研究人员推断，最好的策略也许是给潜在的约会对象这么一种印象：一般而言，你很难被追到手（稀缺品），但是你对她或他又有真正的热情。为此，他们使用了相同的一些技巧进行测试，结果发现了支持这个推断的诸多证据。

但是，吸引异性并不只是传递出"我很挑剔，但我最终还是选择了你"的信息就足够了。相反，关于约会的心理学研究已经发现了立竿见影的方法来促使你和对方相互吸引。你所需要做的不过是一个简单的触摸、在主题公园玩一个下午、充满自信地询问对方最喜欢的美食是什么。

触碰的魔力

法国心理学家尼古拉斯·尤吉根用尽一生来研究人们日常生活中的怪诞行为，而他对女性胸围的研究恐怕是其所有实验当中最奇葩的。多年以来，心理学家一直着迷于女性的胸围对男性大脑的影响，并进行了一系列的实验，结果发现男性更容易受胸围大的女性的吸引。这个研究结果虽然符合推断，但却存在很大缺陷，那就是大多数的研究都是在实验室这样的人为环境下完成的，比如给男人展示各种胸围大小的女性照片，然后让他们选出最动心的一张。然而，不论何时在学术会议上提出这项研究成果，其他科学家都会一而再，再而三地提出一个相同的问题："是的，这些研究都很不错，但是男性对胸围大的女性的偏爱是否真实存在于现实生活中呢？"

尼古拉斯·尤吉根就是在这种情况下开展了他的实验。

尤吉根决定通过两组实验，在更贴近现实生活的场景下研究女性胸围对男性行为的影响。他的论文《女性胸围大小与男性的求爱关系》描述了其中一组实验。在实验中，研究人员让年轻女性有"技巧"地调整胸围的大小，以测试她们在夜店里被男性接近的不同次数。研究人员之所以选择这位女性，是因为她的胸围是 A 罩杯，而男性都评价她的身材属于平均水平。这位女性按照要求在夜店的座位上待一个小时，并用期盼的眼神看着舞池。与此同时，坐在附近的研究人员认真地统计过来邀请她跳舞的男性的数量。在为期 12 周的实验里，研究人员通过往胸罩里填充乳胶的方式来改变这位女性胸围的大小，依次把 A 罩杯变成 B 罩杯与 C 罩杯。实验结果与预期的一样戏剧化，在填充乳胶之前，这位女性整晚只获得男性 13 次的跳舞邀请。当她人为地将胸围增至 B 罩杯，获得跳舞邀请的次数增至 19 次，而当胸围增至 C 罩杯时，获得邀请的次数高达 44 次。

当然，人们也可以指出研究人员在利用自己的喜好引导实验，毕竟去夜店的绝大多数男性都是想要找一些漂亮的女性，在他们采取邀请行动之前，都会事先观察一番。要是我们将这些因素都剔除的话，又会发生什么呢？如果整个环境不像夜店那样充满强烈性爱暗示的氛围，而男性也不能仔细观察女人，只能在几秒钟时间内做出选择，又会是什么结果呢？为了找到答案，尤吉根进行了另一次实验，并记录在他的另一篇论文《女性胸围尺寸与搭便车：一项实地调查》里。

　　这一次，年轻女性站在一条交通繁忙的大街上，做出请求搭车的手势。与此同时，两位研究人员坐在街对面的一辆汽车上，暗地里计算路过的男性司机与女性司机人数，以及有多少辆车愿意停下来让这位女性搭乘。这位参与研究的女性通过填塞乳胶或是拿走乳胶的方式去改变胸围大小。在对 426 名女性司机进行统计后，研究人员发现，想要搭乘顺风车的女性的胸围大小对她们是否选择停车没任何影响，无论参与实验的女性的胸围罩杯是 A、B 还是 C，愿意停下来的女性司机都大约占所有女性司机的 9%。与此形成鲜明对比的是，在对 774 名男性司机进行的调查里，情况则完全不同。当这位女性是 A 罩杯的时候，有 15% 的男性司机愿意停下来让她搭乘，而当这位女性变成 B 罩杯的时候，男性司机愿意让其搭乘的比例增至 18%，当女性的罩杯增至 C 时，这个比例升至 24%。由此，研究人员得出结论，即便将研究场景设置在一个不具有性暗示的环境下，女性胸围的大小仍会对男性的行为产生重要的影响。

　　尤吉根研究的另一个实验则是考察触碰的力量。很多研究结果表明，触摸别人上臂一两秒钟，可能对他们帮助你的意愿产生重要的影响。在一次实验里，美国研究人员在大街上接近一些人，向他们借十美分硬币。结果发现，若是稍微地触碰一下对方的上臂，会让对方借钱的概率提升20%。相似的研究结果也显示，同样微妙的触摸也能大大增加人们在请愿书上签名、给侍者更多小费、参与超市的试吃活动的概率（这反过来又会增加他们购买更多商品的概率）。那么，这是否会大大提升男性在求爱过程中的成功率呢？

　　为了找寻答案，尤吉根安排了一位 20 岁的男性参与者在为期三周的实验里，相继在夜店里接触 120 名女性。这些接触都经过了巧妙的安排，每次接触都是这样开始的：当舞池里响起了悠扬的音乐，这位男性实验者就会走到某位女性面前说："你好！我叫安东尼。你愿意跟我跳支舞吗？"在一半的邀请中，他会一边发出邀请，一边轻微触碰一下女性的上臂。而在另一半请求里，他则没有做这样的动作。如果女性拒绝，他就会说："哦，真遗憾，也许下一次？"然后走到离这位女性两三米远的地方，再试着向其他女性发出邀请。如果对方接受了，他就会解释说，她刚才其实在参与一场实验，并递给她一张写着关于这些实验的详细介绍。谁说罗曼蒂克已经不复存在了呢？

　　在尤吉根进行的第二场实验里，三位男性研究人员在大街上接近女性，并向她们索要电话号码。当然，这三位研究人员必须长相很帅气，因为正如实验报告里所描述的："测试之前的评估已经表明，要想在大街上向女性要到电话号码，是极为困难的一件事。"（老实说，这是科学研究的一部分。）三位男性一共接触了 240 名女性，在接近她们的时候，首先会恭维她们长得漂亮，然后提议稍后可以找时间去喝一杯，最后向她们索要电话号码。与之前的实验一样，在一半的时间里，他们会在与女性聊天时轻轻地触碰对方的上臂，然后等十秒钟，微笑地看着对方。如果对方拒绝了，那么就让她继续赶路。如果对方答应了，研究人员就会迅速地向她解释整件事不过是一场实验，并递给她一张写明实验内容的表格，说出最后一句事先准备好的话："感谢你的参与，很抱歉占用了你的时间。也许，我们还有机会见面。再见！"

这两次实验结果令人印象深刻。在夜店的那次实验里，女性在对方没触碰她们上臂时，接受跳舞邀请的比例是43%，而对方一次轻微的触碰，就能让她们的接受比例提升到65%。在大街上进行的那次实验里，研究团队在没有与女性进行身体接触的情况下，得到电话号码的比例只有10%，而在做出了简单的触碰动作后，这一比例提升到了20%。在这两次实验里，一个简单的触碰就戏剧性地提升了成功率。

为什么在调情的时候，一个简单的触碰动作会有如此大的魔力呢？心理学家们认为，答案与性和地位有关。很多研究结果都支持了一个并不惊人的事实：大部分女性觉得地位高的男性要比地位低的男性更具吸引力。从人类进化的角度来看，地位高的男性是比较理想的配偶，因为他们能在需要的时候，为伴侣及其子女提供各种充足的保障。但是，女性如何在刚见面几秒钟内就判断一个陌生男人的地位呢？

部分答案就在于这样的触碰动作。大量的研究表明，轻微的触碰动作被认为是传达地位较高的信号。比如，请人们看一个人触碰另一个人的照片，他们普遍会认为，"触碰者"要比"被触碰者"更居于主导地位。而在现实生活中，男生触碰女生上臂的行为尤为有效。绝大多数的女性都不会有意识地在意男性这样的触碰，但却无意识地提高了她们对触碰者的评价。

　　女性经常会指责男性肤浅，太容易被胸大的女性所影响。尤吉根进行的搭乘顺风车与乳胶植入的实验，显然证明了事实的确如此。但是，他对女性诱惑的心理研究也表明了，女性的浪漫决定同样受到身体因素的诱惑，特别是在对方展现拥有较高地位的状态时。也许真正的事实是，不论男女，我们的内心都或多或少有一些肤浅，只不过自己不愿意承认罢了。■

用行动转化"能量"
把握触碰的力量

　　如果你想让对方帮助你，试一下最简单的方法，那就是轻微触碰一下对方的上臂。只要触碰的时间非常短暂，而且仅仅局限在上臂，并且同时说一些恭维或是请求帮助的话，就能增进对方对你的好感。不过一定要把握分寸，因为这很容易引起误会。触碰是一种强烈的社交信号，一旦触碰的位置发生了变化，哪怕是几英寸的误差，都可能导致对方叫来警察，而不是愉悦地接受你的咖啡邀请。■

【心理学链接：评估你的恋爱风格】

三十多年的心理学研究已经表明，大多数人的恋爱都可以归纳为几种不同的风格，这些风格将贯穿你的一生，并且对于日后婚姻关系的发展有着决定性的影响。一些研究人员认为，这些风格取决于人们在儿童时期与主要照顾者之间的关系，但其他研究者也认为，这取决于大脑的功能。无论其由什么决定，以下的问卷调查都可以帮助你了解自己的恋爱风格。

抽出时间阅读下面几句话，然后根据你对它们的认同程度进行打分。

其中一些陈述指代某些具体的恋情，而其他的陈述则表达一般性的想法。如果可能的话，你在回答下面的问题时，脑海里要对照你现在交往的对象。如果你现在依然单身，则可以对照你最近约会过的人。如果你从未交往过任何人，就要按照你自身一贯的想法与行为进行回答。不要花太长时间思考每一句话，只要诚实作答即可。

对下面的每一句话进行打分，1分表示"强烈反对"，5分表示强烈认同。

1. 在初次与我的伴侣见面的瞬间，我就被他／她吸引住了。 1 2 3 4 5

2. 找对象的时候，我觉得某一类人特别具有吸引力，而我的伴侣刚好符合我的理想标准。　1 2 3 4 5

3. 我的伴侣与我都觉得，我们是天生一对。　1 2 3 4 5

4. 我更看重从牢固友情发展起来的恋情。　1 2 3 4 5

5. 我无法准确说出自己何时陷入爱河的，当时好像花了很长一段时间。　1 2 3 4 5

6. 爱意并不是一种具有神秘性的感官体验，而是一种关怀与友情的极端形式。　1 2 3 4 5

7. 如果我的伴侣知道我做过的一些事，他／她可能会不高兴。　1 2 3 4 5

8. 我喜欢脚踏几只船的感觉。　1 2 3 4 5

9. 我似乎能很快从失恋中走出来。　1 2 3 4 5

得分

以上的问卷调查旨在衡量三种主要的恋爱风格。古希腊著名哲学家柏拉图首先提出了下面这些概念，它们通常被心理学界称为：爱洛斯（Eros，希腊语，意思是"渴望"），路德斯（Ludus，意思是"玩游戏"），斯多吉（Storge，意思是"友爱"）。为了对你在每一种形式的得分进行统计，你可以按照下面的标准去统计自己的得分。

1、2、3句＝爱洛斯

4、5、6句＝路德斯

7、8、9句＝斯多吉

以上得分最高的一组，就显示了你的主要恋爱风格。

爱洛斯： 这种恋爱者对伴侣的身体条件和性格特征有强烈的主见。当遇到一位中意的人，他们常常会一见钟情，并且很快与对方建立亲密关系。这种关系可能会维持好几年，但常常会因为对方发生了改变、变得不再符合他们的标准而动摇。当这种情况出现时，充满激情的爱洛斯恋爱者就会继续找寻他心中完美的灵魂伴侣。由于性格外向，乐于给予，热情的爱洛斯恋爱者更容易在他们的恋情中感到安全，并愿意与他人亲近。他们很容易在关系建立的初期被冲昏头脑，但由于对爱的忠诚，他们并不会做背叛爱人的事情。

路德斯： 这类恋爱者对理想类型的伴侣并没有一个清晰的概念，但他们却对参与这场情爱游戏很感兴趣。他们喜欢新鲜和刺激，不愿意做承诺，而且能很快从一段短期的恋情转换到另一段短期的恋情里。他们"见一个爱一个"，是喜欢追逐的浪子，忠贞和信守承诺与他们无缘。相较大多数人，他们比较神经质，自我意识也很强，因而对其他人的感受缺乏怜悯心。他们喜欢冒险，但时常担心自己某一天会被前任纠缠不放——正是这样的心理，让他们始终不敢过分亲密地接触他人。

斯多吉：这类恋爱者将信任看得比欲望更重要。他们并没有在脑海里对完美伴侣有清晰的认知，而是通过拓展朋友关系，希望友情能够渐渐转变成深沉的承诺与爱意。一旦他们与别人确定了恋爱关系，就会表现得忠贞不渝，并且终生只可能形成一两段长久的浪漫关系。这一类型的恋爱者具有高度的利他心理，对伴侣始终表现出极大的信任感。他们通常在一个大家庭中长大，并且对自己能够依赖伴侣的支持感到很惬意。■

闪电约会的科学

闪电约会并不复杂，其实就是你在一个晚上面对面与很多陌生人进行约会的形式。每次见面都只有几分钟，而在这短短几分钟之内，你得决定自己是否还想再次见到对方。这种约会方式是在 20 世纪 90 年代末由美国的一位犹太教教士发明的，旨在帮助单身的犹太青年找到人生伴侣。后来，这种做法风靡全世界，成为人们寻找伴侣最受欢迎的方式之一。但是，在三分钟或是更短的时间里，能够给对方留下深刻印象的最好办法是什么呢？含蓄地提及你所拥有的法拉利跑车？敞开心扉表达自己的期望？根据最新的对吸引力奥秘的研究，秘诀只不过在于模仿、避免广泛下注和保持谦逊。

几年前，我与心理学家詹姆斯·贺朗、卡洛琳·瓦特一起，研究了在闪电约会时使用的最佳聊天话语。我们招募了 50 名单身男性与 50 名单身女性，随机地对他们进行配对，并请每一对都花三分钟时间聊天。接着，我们请每个人快速记录下自己用了哪些话来给对方留下印象，并给聊天对象的魅力指数打分，然后再试着与另外一个人进行聊天。为了发现最好的聊天术，我们将聊天对象认可与反感的对话进行了一番比较。

那些在晚上与多人进行约会的人，往往倾向于使用诸如"你经常来这里吗？"这样老套的开场。那些长袖善舞的人会鼓励约会对象以有趣与不落俗套的方式谈论自己，其中最受女性好评的话是："如果你参与一场成功的演出，最想扮演谁？"而最受男性好评的女性对白是："如果你是一种比萨饼，你愿意是什么口味的？"这类话语之所以受欢迎，是因为在闪电约会的过程中，人们经常会觉得自己像是在过土拨鼠节，不断重复着相同的对白。让对方能够用一种富于创造性、有趣、不落俗套的方式去表达自己，有助于增强亲密感与提升魅力指数。

此外，还有一个"见样学样"的效应。研究表明，我们都有模仿别人的无意识倾向。在我们未察觉的情况下，会模仿见到的人表现出来的面部表情、姿态或是说话方式。大多数心理学家认为这种模仿有助于使人们的所想所感倾向一致，从而增进交流，与此同时，对方在多大程度上模仿我们的行为也会影响我们对对方的感觉。

荷兰奈梅亨大学的心理学家里奇·范·巴伦与他的同事进行的一次简单而有趣的研究，完美呈现了这种心理效应。研究团队出其不意地来到一家小酒店，并请求女侍者的帮助。在把顾客引到餐桌后，女侍者按照实验要求的两种不同方式记录顾客所点的菜。在一半的时间里，她会很有礼貌地聆听，然后使用诸如"好的""很快就上！"等积极的话语。在另一半的时间里，她会重复顾客所点的菜名。实验表明，重复顾客所点的菜名会使顾客在用餐结束后给予的小费明显提高。听到自己的点菜要求被重复的顾客，要比那些用"礼貌与积极话语"回答的顾客留下的小费高出 70%。

同一研究团队进行的另一个实验也表明，模仿行为还影响了我们对别人是否有魅力的评分。在这次实验中，一位实验者扮成市场调研员，在大街上拦住一些路过的人，询问他们是否愿意进行一项调查。在一半时间里，这位研究员在对方回答问题时，很自然地模仿他们的身姿和手势；在另一半时间里，研究员则表现平常。经过之后的询问发现，被模仿身姿和手势却没有意识到的人，对研究员的好感更为强烈，也觉得彼此在情感上更为亲近。这些研究传递的信息就是，要赢得别人的认可和赞同，你最好跟他们举止上相像。比如，当他们身体前倾时，你也可以身体前倾；当他们跷着腿时，你也可以跷起腿；当他们抱着胳膊时，你也可以这样做。在他们没有意识到的情况下，这些细小但重要的模仿可以迅速拉近彼此的距离。

那么，一次成功的闪电约会，只要提出比萨饼和进行模仿就可以了吗？不是的，其他研究表明，它还受另外一项因素的左右。

几年前，西北大学的心理学家保罗·伊斯特维克与他的同事进行了一系列关于闪电约会的实验，参与者都是学生，多达 150 名。每次约会后，学生们都需要对他们的约会对象进行评价。研究结果显示，那些认为很多人都具有吸引力的人，通常在别人的评价里显得最没有吸引力。你可能会觉得，之所以出现这样的结果，是因为那些相貌丑陋的人想通过讨好他人的方式来获取更多的约会机会。首先，这个说法过于武断；其次，根据对数据的研究，这个说法明显是错误的。研究人员请来一组人给每个实验参与者进行魅力打分，并分别对有魅力和缺少魅力的人在闪电约会中的成功数据进行比对。结果发现，"如果你想与很多人会面，那么我就不想见你"的模式在两组人中都有，这也证明了一开始的结果与某一组人是否其貌不扬或求爱心切无关。实际上，他们"广泛下注"的行为，才是导致约会失败的主因。一般而言，喜欢很多人通常意味着很多人也会喜欢你。然而在更为浪漫的会面中，潜在的约会对象都希望自己是特别的。而研究表明，他们也很善于察觉到处下注、想跟无数人约会的人。

最后，我要给男性一句警告：千万别掉进"好得难以置信"的陷阱。

兰开夏郡中央大学的心理学家西蒙·朱与他的同事请一组女性观看60名男性的照片和简介，并对他们在成为长期伴侣方面所具有的吸引力进行打分。在男性的简介部分，研究人员系统地对他们所从事的职业进行了修改，有意地分成地位高（如公司主管）、地位中等（如导游）和地位偏低（如招待）三类。总体来说，长相帅气的男性在吸引力方面的确要比长相一般的男性更好。工作地位较高的人通常也要比薪水较低的人更具吸引力。但是，实验的一个重要发现是：帅气又地位较高的男性在是否能够成为长期伴侣方面，却并不为许多女性所看好。西蒙·朱与他的同事认为，女性可能会有意避开这一类男性，因为他们对很多女性来说都具有吸引力，因此很难做到专一。研究结果表明，在闪电约会里，如果你是一位长相帅气、工作如意、收入颇丰并过着奢华生活的男人，那么为了能找到一位如意的贤妻，最好先将一些优势适当地隐瞒起来。■

用行动转化"能量"
让你成功赢得约会的技巧

　　在闪电约会里，你只有几分钟时间给对方留下深刻的印象。因此，为了充分利用这个时间，你最好想出一些特别的话语，让对方能用富有创造性的、有趣的、不同寻常的方式去谈论自己。你也可以模仿他们的坐姿、手势、说话的语速以及面部的表情。你要避免"广泛下注"，与其幻想用"是的，我希望下一次还能见到你"这样的话语增加约会次数，不如专注于一两个与你合得来的人。

　　最后，西蒙·朱的研究还专门为男性提出了一些建议：如果你是一位长相帅气且在工作中地位较高的人，要谨防掉入"好得难以置信"的陷阱，你要学会低调地处理自己的成功。当然，对每个人来说，这个理论也为屡战屡败的情况提供了"安慰剂"——如果你在闪电约会中屡屡遭拒，那么你要相信，一定是你太有魅力太成功，"好得难以置信"的缘故。■

【心理学链接：性感与运动】

为了试图给女性留下深刻的印象，男性通常会付出额外的努力，表现出自己是一个具有爱心又乐于助人的人。而研究表明，他们这样做可能是完全错误的。当研究人员要求女性列举她们认为朋友、短期伴侣与长期伴侣身上具备哪些品质时，绝大多数女性都认为温柔体贴很重要。但是，这个特征又往往会被排在勇敢之后。实际上，就恋爱而言，女性最看重的特质依次是勇敢、敢于冒险、温柔体贴。因此，男性不应该耗费心力向女性讲述他们是如何为慈善事业付出努力的，而应该考虑向女性吹嘘一下高空跳伞、如何勇于克服困境，以及不论发生什么都听从自己内心的感受，等等。

我与健身专家萨姆·墨菲共同进行了一项在线调查，旨在考察运动与魅力之间的关系，勇敢效应也有类似的呈现。但是，男性是否会对那些踢足球或爬山的女性更感兴趣呢？女性会为健美者或是瑜伽锻炼者而着迷吗？

超过6000人都表示，从事某些体育运动会让异性变得更具吸引力。调查结果显示，57%的女性认为，爬山很有吸引力。在女性看来，爬山是最性感的运动，紧接着就是极限运动（56%）、足球（52%）、徒步（51%），排名最后的两项则是高尔夫与有氧运动，分别占到13%与9%。

与此相反，男性认为女性做有氧运动最具吸引力（70%），紧接着是瑜伽（65%）、体操（64%），排名最后的三项则是高尔夫（18%）、橄榄球（6%）、健美（5%）。

　　女性的选择反映出了她们在心理层面上认为的具有吸引力的男性的特点，比如勇敢与勇于尝试挑战；而男性的选择则反映出他们更愿意找一位身体健康，但看上去没那么多肌肉的女性。■

如何营造完美的第一次约会

1975 年，参议员威廉·普罗克斯麦尔创立了"金羊毛"奖，以"表彰"（从议员的角度来说）美国政府将纳税人的钱浪费在资助毫无意义的研究项目上。他将首届"金羊毛"奖颁给了国家科学组织支持的一项研究人们为什么会恋爱的项目，并且表示"我认为两亿多美国人都想让生活保留少许神秘的东西，首先就是，为什么一个男人会爱上某个女人，或者一个女人为何会爱上某个男人"。幸运的是，他的观点在学术界并没有得到广泛的支持。多年来，心理学家们就"爱与吸引力"的许多方面都进行了深入的研究。其中一些有趣的研究工作探索了初次约会背后隐藏的心理学。

初次约会是有点棘手的。哪里才是最浪漫的约会地点呢？你们该谈论什么话题呢？你应该一开始就表现得热情洋溢，还是施展欲擒故纵的法则呢？不要担心，我们可以为你提供一些帮助。在过去三十年里，心理学家们已经解决了这些问题，并发现了一些让丘比特之箭射向目标的立竿见影的方法。

让我们首先考虑一下在哪里邂逅未来伴侣的问题。你可能觉得一间安静的饭店或是去乡间散步都是不错的选择。然而，根据心理学家唐纳德·达顿与亚瑟·艾伦的研究，这些老套的做法都无法击中要点。在他们进行这项研究之前，有几次实验已经证实了之前的猜想：当人们觉得某个人很吸引自己时，心跳就会加快。达顿与艾伦认为反过来应该也一样，心跳加快的人会觉得对方更具吸引力。

为了证实这一想法，他们安排了一位女性实验者在英属哥伦比亚横跨卡普拉诺河的两座截然不同的大桥上，与多位男性进行会面。其中一座桥在风吹的时候会左右摇晃，下面距岩石有两百英尺，而另一座桥所处的位置更低也更坚固。在询问了几个简单的问题后，女性实验者会递给男方她的电话号码，以便将来双方进一步联系。摇摆不定的桥让人心跳加快，当桥上的男性遇到女性实验者的时候，他们会无意识地将心跳加快归结为这位女性有魅力，而不是桥带给他们的压力。

当然，这种效果适用于在桥上与陌生人会面，但在更为真实的场景也会如此吗？几年前，德州大学的心理学家辛迪·梅斯顿与潘妮·弗洛利希决定对这个问题进行一下对比研究。他们去了德州两座大型的主题公园，手持一张长相普通的情侣照片等候在过山车附近。他们采访了一些正在排队要上车和刚刚坐过过山车、已经被吓傻了的情侣，请他们从1到7分给自己的伴侣和照片中的男女进行打分，评价他们的魅力指数。研究人员设想，那些刚刚坐完过山车的人的心跳要比那些排队的人更快。根据"心跳得越快，对方就越有吸引力"的理论，他们应该给对方更高的评分。

在题为《一惊钟情》的论文中，研究人员承认他们的预想只有一部分得到了实验的支持。那些坐完过山车后的人对照片上的男女的确给出了更高分，但在评价自己的伴侣时却出现了截然不同的情况：在坐完过山车之后，人们会觉得自己伴侣的魅力指数有所降低。在猜测这背后的原因时，研究人员认为，可能是坐过山车会让人"额头流汗，头发蓬松，一脸焦虑"，形象比之前更糟糕。若是以相同的研究方法对那些观看悬疑恐怖片的情侣进行调查，可以找到更清晰的证据支持这种理论，即在我们判断别人是否具有吸引力的时候，我们的身体会给予一些暗示。研究人员还暗地里观察了情侣们看完不同类型电影的行为，发现那些刚刚看完悬疑片的情侣最有可能手牵着手相互依偎着走出电影院。

当然，完美的约会并不只是让你的心跳加速，它还取决于你说什么以及在什么时候说。

几年前，心理学家亚瑟·艾伦与他的同事进行了一场实验，研究是否可以通过谈论某些话题来使约会双方之间迅速产生吸引力。显然，约会双方越是熟悉，就越可能透漏更多的个人信息。艾伦和他的团队很想知道，情况反过来是否成立，也就是说，向约会对象透漏更多的个人信息，会让对方觉得你和他或她更亲近吗？

研究人员请来了一些互不相识的人，并把他们配对进行聊天。在聊天过程中，他们要按要求越来越多地提及自己的私生活。在相互询问对方一些预设问题时，他们有45分钟的时间进行这场"分享私人信息的游戏"。谈话从晚宴上的人们经常聊的话题（比如"你最近在忙什么？"）切入，然后迅速地转到"和一个好朋友一起醉酒"的话题，最后进入"亲密的年轻情侣"之间的话题（比如"你上一次在某人面前哭是什么时候？"）。

艾伦知道，谈论任何话题都能增进彼此的亲密感，因此他让另一些陌生人也进行约会，并请他们按照平常的谈话方式去提出一些问题，从而作为实验对照组。这些问题包括"人造圣诞树有哪些好处与坏处""运动手环是不是改变了我们的健身习惯"。在谈话结束后，每对谈话者都要通过评分表明自己觉得对方有多少吸引力。结果恰如人们所预料的那样，谈论圣诞树与运动手环的人并不觉得自己与对方培养出了亲密的感觉，而那些进行"分享隐私游戏"的人，彼此间却有了需要数月或是数年才能培养起来的亲密感。事实上，研究人员注意到，好几位参与者在研究结束时交换了电话号码。

因此，当重要的第一次约会来临，请一定要去那些容易让人心跳加速的地方，而且不要害怕与对方展开亲密的对话。心理学家会鼓励你大胆尝试，因为通过运用一些技巧，你的魅力将令人无法抗拒。■

用行动转化"能量"
提升约会的成功率

让平静如水的心加速跳动

为了提升每一次约会的成功率，可以选择去做一些让心跳加速的事情。尽量避免节奏缓慢的古典音乐会、户外散步等活动。相反，你完全可以试一试去看恐怖电影，到主题探险公园游玩或是蹦极等活动。研究表明，你的约会对象会把他（她）心跳加速的原因归结在你身上，以让自己深信你对他（她）有特殊的吸引力。

分享私人信息的游戏

在玩这个游戏的时候要一步一步来。但是，在每一个步骤都恰到好处的前提下，向对方更多地透漏一些个人信息，会有助于迅速增进你们之间的亲密感。以下是以艾伦的分享游戏为基础归纳出来的十条建议，希望对你有所帮助：

1. 想象你正在举办一场完美的晚宴，可以邀请历史上的任何一位人物来参加，你会邀请谁？

2. 你上一次与自己进行对话是什么时候？

3. 说出让你觉得自己很幸运的两件事。

4. 说出你一直想做的一些事情，然后解释到现在还没做的原因。

5. 想象你的房子或公寓着火了，你只能抢救一样东西，你会抢救什么？

6. 描述一下你人生中最快乐的一天。

7. 想象你与自己的约会对象正在成为亲密的朋友，他或她最需要知道你的哪些事？

8. 告诉你的约会对象你喜欢他或她的两样东西。

9. 描述你人生中最尴尬的一些时刻。

10. 讲述一个私人问题，然后请约会对象给你一些建议。■

【心理学链接：约会的六条实用建议】

沾别人的光

研究证明，女性在看到其他女性对某位男性露出微笑或是与他玩得很开心时，会觉得这位男性特别有魅力。因此，如果你想在酒吧或是聚会上给女性留下好感，不妨让一位亲密的女性朋友过来，对你所说的笑话开怀大笑，然后让她悄然离开，并请她保守这个秘密。

眼大肚小

进化心理学家认为，饥饿的男人会觉得体形较大的女性更有吸引力，因为她们的体形暗示着充足的食物。为了验证这一说法，研究者们请一些正准备进入和离开大学食堂的男学生给照片上不同体形的女性打分。还没有吃饭的学生认为体形较大的女性更具吸引力。因此，如果你是一位体形较大的女性，应该把和感兴趣的男人的约会安排在饭前而非饭后。或者试着在吃饭前约会几小时，并坚持只让他吃一份清淡的沙拉。

先拒绝再同意

你也许觉得不断地点头和赞美是打开他人心扉的最好方式，研究表明事实并非如此。人们更喜欢那些在约会一开始略微冷漠，在约会结束时变得热情的人。因此，与其在约会一开始就频繁微笑，不如试试头一个小时有所保留，再慢慢展现出自己的魅力。同时，不要只聊彼此都喜欢的话题，而要试着聊一些双方不喜欢的事物。研究表明，当人们在对不喜欢的事物达成一致见解时，更容易感觉到彼此关系上的亲密。

假装真正地微笑

一百多年前，科学家们发现，虽然真笑和假笑都会牵动嘴边的肌肉，但只有真笑才能引起眼角周围的肌肉显出皱纹。最近的一些研究开始考察微笑背后隐藏的科学，包括辨识哪些信号会使微笑显得轻浮。早期的研究表明，花较长时间扩散到整个脸部的微笑看起来最迷人，特别是伴随轻微点头的时候。

爱与性欲

吉安·贡萨加和他的同事录下了一些情侣谈论他们初次约会的情景，然后请他们说出这一谈论更多的是关于爱还是性欲。当情侣们决定谈论爱的时候，录像就会显示他们的身体会向对方倾斜，并不断地点头、微笑。而当他们联想到性欲时，他们更多地用舌头舔嘴唇。因此，如果你想知道约会对象在想什么，就可以观察这些关键的信号。点头和微笑可能意味着喜欢和爱，而偶尔舔嘴唇的古怪行为，则暗示着你将会有一个美妙之夜。

过去有多少性伴侣

任何一次约会都可能遭遇尴尬的情形：本来一切进展顺利，但是突然，"你过去有过多少性伴侣"的问题就会冒出来，让你不知所措。于是，你的头脑闪现一系列问题：是假装很挑剔，说之前只有过一两位性伴侣呢，还是应该表现得像一个经验丰富的老手？亚利桑那州立大学的心理学家道格·肯里克对此进行了一番研究，结果表明回答这类问题的关键在于平衡。肯里克给一些大学生展示了一些人有过多少性伴侣的资料，然后请他们给每个人按好感程度进行打分。调查结果显示，对女人而言，男人的过往性伴侣在零到两个之间是最有魅力的，但若超过两个，就会变得不受欢迎。与此相反，女人的过往性伴侣人数在零到四之间，男性会觉得最有好感，若是超出了这个数字，他们对其的兴趣就会大大减弱。■

第四章　决策

　　当人们在职场上要做一个重要决策时，通常会与一些知识渊博、头脑冷静的同事商量，这似乎合情合理。毕竟，做决策前，与拥有不同知识背景与专业技能的人进行讨论，能够为你提供更全面的视角。但是，三个臭皮匠就一定能赛过一个诸葛亮吗？心理学家已经就此进行了数以百计的实验，他们的实验结果让那些支持团队磋商的人感到无比惊讶。

　　这方面最著名的当属 20 世纪 60 年代麻省理工学院的詹姆斯·斯通纳进行的研究。他对人们在面对一些重要事情上的冒险行为进行了研究。研究结果表明，一些人的确勇于冒险，一些人则对风险抱着厌恶的态度，这当然并不出人意料。但是，斯通纳想知道的是，当人们置身于一个团体的时候，他们是更愿意冒险还是更保守呢？为了发现真相，他设计了一些简单又极为出色的实验。

　　在实验的第一部分，斯通纳要求参与者扮演人生教练的角色，然后让他们面临各种进退两难的困境，要求他们从几个方案中找出最好的一个。斯通纳认真细致地设置了这些方案，从而保证每个方案都代表着不同程度的风险水平。比方说，有种困境是讲一位名为海伦的作家，她靠写作廉价的惊悚小说谋生。最近，海伦有了一个新的小说创意，但要想实现这个想法，就必须要将惊悚小说放在次要位置，她的收入有可能下降。不过，积极的一面是，新小说也可能成为她命运的转折点，让她赚到一大笔稿费。研究人员要求参与者思考海伦所面临的困境，帮忙判断她放弃创作廉价惊悚小说的收入后，新小说成功的可能性有多大。

如果一位参与者比较保守，就可能会说，海伦需要对此百分之百地肯定。如果参与者敢于冒险，那么他们就会认为，只要这样做有10%的可能性，就可以接受。

接着，斯通纳把参与者分成五个小组。研究人员要求这些小组成员讨论后达成一个共识。他的研究结果清晰表明，团队做出的决定要比个人的更富于冒险性。团队给予海伦的建议是，她应该放下手头的一切，认真创作新小说。而个人更倾向于她坚持创作廉价的惊悚小说，从而维持日常生活。后来进行的数百次相关实验都表明，这与决定是否更有冒险精神无关，而在于两极分化的效应。在斯通纳进行的经典实验里，多种因素会导致团队成员共同做出一个更冒险的决定，但在其他的研究里，团队也会比个人更保守。简而言之，置身于一个团队，人们就会夸大某方面的观点，让他们比平时独处的时候做出更极端的决定。根据团队成员一开始的倾向，最终的决定可能会变得极为激进或极为保守。

这种有趣的现象已经出现在许多不同的状况中，通常会带来让人担忧的后果。若是让一帮怀着种族偏见的人聚在一起，他们可能会做出一些极端的决定。若是将一些愿意对失败项目再投资的商人聚在一起，他们会不惜把钱打水漂。将一帮具有攻击性的青年聚在一起，这些人的行为就会变得更暴力。要是允许一种强大的宗教或意识形态在某个群体里扎根，它会变得比之前更极端。这些效应甚至已经出现在网络世界里，很多人在社交媒体上对一些话题进行讨论的时候，都会发表比平时更极端的想法。

到底是什么造成了这种奇怪却又极具一致性的现象呢？与观点相同的人分享看法，会以聚合的力量强化已有的信念。你会公开表达之前尚觉得模糊不清的立场。你可能会暗地里怀揣着一些你认为是不同寻常、极端或是不为社会所接纳的想法。但是，当你身边都是一些与你想法接近的人，那么这些秘密的想法就找到了浮上水面的机会，这反过来会鼓励其他人与你分享他们的一些极端想法。

当人们聚在一起商量事情的时候，"极化"并非唯一的效应。其他的研究已经表明，相较个人而言，团队决策往往会更武断，更容易找到为不理智行为正名的理由，也更易对团队之外的人形成一种刻板的偏见。除此之外，当一些意志强大的人引导团队讨论的时候，他们就会对其他人施压，迫使他们认同，这反过来催生了自我审查的行为，会造成全体一致的幻觉。

两个人的智慧并不一定胜过一个人的智慧。过去五十多年的研究表明，当人们试图以团体的方式做决定时，非理性思维通常就会出现。这会造成观点的极端化，并且对形势做出一个偏颇的评估。

如果团队决策不是真正的解决之道，那该怎么办呢？根据研究结果，应该尽量避免会影响你正常思维的各种错误和陷阱。难点在于，合理决策需要我们对事情的可能性与逻辑进行透彻的了解。而其中一些方法是可以在很短的时间内掌握的。比方说，如何提防销售员最常使用的一些招数，如何分辨某些人是否在撒谎，如何保证自己永远不再为一个决定感到遗憾，等等。

把你的脚越过门槛，让门摔在脸上

让我们首先提出一个简单的问题：想象你有两份工作可以选择。按照工作时间、职责、地点与事业前景来看，A 工作与 B 工作是完全一样的，这两份工作唯一的差异就是你的薪水以及你未来的同事。若是选择 A 工作，你的年薪将是五万美元，而你未来同事的年薪则为三万美元。若是选择 B 工作，你的年薪将是六万美元，但你未来同事的年薪是八万美元。你会选择 A 工作还是 B 工作呢？调查结果表明，绝大多数人都会选择 A 工作。

若是单纯从金钱角度考量，这样的决定绝对是不理智的，因为 B 工作的年薪要多出一万美元。但是，如果说对人性的科学研究告诉了我们什么的话，那就是人类从来就不是一种理性的动物。相反，我们很容易受各种因素的影响，包括我们的感受、对自己的看法以及别人对我们的看法。虽然从客观上来说，B 工作要比 A 工作的年薪更高一些，不过若是选择 A 工作的话，我们的年薪要比同事多两万美元，这种收入的差异所带来的优越感足以弥补不从事 B 工作一万美元的经济损失。

这种微妙且通常难以察觉的心理效应同样会影响我们的购买行为。

我依然能记住我第一次在大型商场里看到一位销售员工作时的场景。那时候，我只有八岁，父母带我前往伦敦。我们在商店里到处闲逛，我对那位站在一边的销售员的动作与语言感到着迷。他在展示通过一把菜刀能做很多神奇的事情，当然包括一些并不实用的功能，比如用刀将可乐罐切成两半。销售员热情地展示完毕后，冷静地对我们说，这把刀具只需 20 美元。

接着，奇怪的事情发生了。在我们眼皮底下，他突然变戏法一般不断调整刀的价格：事实上，他将这把刀以 16 美元的优惠价——哦，不，10 美元的优惠价卖给我们。由于我们的态度好，他准备再把刀降到每把6 美元。我们不敢想象自己竟有这样的好运气，就像是一场精心策划的烟火表演之后，真正的"爆炸"才刚刚开始。他要送给我们第二把与之前那把完全一样的刀具，并且不收费，接着还免费送 5 把小一点的刀具，然后将这些刀具放在礼盒里，宣称这 5 把刀的正常价格加起来要超过 20 美元。这位销售员做出的每一步优惠行为都让在场的人感到惊喜。他的举动说服了在场绝大多数人，当然也包括我的父母。他们本来在逛商城的时候，根本没想过要购买刀具，结果最后还是乖乖掏了钱。当然，这是一次值得学习的教训。回家后，当我想要用这把功能神奇的刀具去切一个空的可乐罐时，刀柄掉了下来。

那位销售员用"优惠享不尽"的销售伎俩愚弄了我和我的父母。他不是催促顾客购买，而是通过让价格变得越来越优惠来俘获顾客的心。即便是价格最小的降幅或是最轻微的优惠，都会产生积极的效果。在一次研究里，40%的顾客会花75美分去购买一个纸杯蛋糕与两块曲奇饼干，但是当纸杯蛋糕的价格定在75美分，额外免费赠送两块曲奇饼的时候，愿意掏钱的人多达75%。

除了对人们经常使用的这些说服原则进行研究之外，心理学家还对其他一些不同寻常但高效的方法进行了一番探索。比方说，有一种所谓的"生气"技能，就是当人们得到一个要求他们给予更多关注的奇怪请求时，会增加他们顺从的可能性。在加州大学的心理学家迈克尔·桑托斯与同事进行的一次研究里，一位乞丐（其实是研究人员假扮的）询问路人能否施舍15美分或是37美分，结果发现许多人在面对类似奇怪的请求时，更愿意做出给钱的举动。

与这种方法相关的就是"破坏，然后重建"的方法，就是先提出一个让人惊讶的要求，让他们脱离之前惯常的思维模式，然后再提出一个正常的请求。在一系列的研究里，实验人员挨家挨户地销售一些便笺，这些销售收入全部用于慈善事业。在一种情况下，他们这样说："这些便笺只要3美元，已经是很优惠的价格了。"在"破坏，然后重建"的模式下，他们这样说："这些便笺只需要300美分，也就是3美元，这是很优惠的价格了。"这种奇怪且让人惊讶的表述方式让销售额增长了

两倍。

在 20 世纪 60 年代早期，斯坦福大学的心理学家乔纳森·弗里德曼与斯科特·弗雷泽就说服心理学方面进行了一项具有开创性的实验。一开始，研究团队随机地给超过 150 名女性打电话，声称他们来自加州消费者协会。研究人员询问，她们是否愿意接受一个名叫《购物指南》的出版物的使用情况的调查。与其他的竞争对手不同的是，《购物指南》这本出版物喜欢指出商品的真正优缺点。因此，研究人员询问，她们是否愿意让一队六人的小组前往她们家，检查一下橱柜用品。研究人员还解释，检查会很细致，要涉及肥皂、洗碗液、清洁剂以及漂白剂等。果然不出所料，只有不到四分之一的女性表示愿意接受这种"法医式"的检查。但这不过是实验的一部分而已。另一组女性同样接到了类似的电话，但研究人员却没有提出要检查橱柜之类的要求，而是询问她们是否介意接受一次快速简短的电话调查，有关于她们喜欢的家庭用品。几乎所有的女性都表达了同意。三天后，这些女性接到了第二个电话，询问她们是否介意六个人的团队过去检查一下她们放在橱柜里的用品。在这种进一步要求下，超过半数的女性表达了同意。

在跟进的实验里，同一研究团队想知道，他们能否说服人们在前院位置摆放一个"小心驾驶"的大标语。这个标语显然是为了提醒司机驶过该路段时要注意车速，但是几乎没有住户同意这样做。接着，研究人员接触了第二组住户，询问他们是否可以放置一块只有三平方英寸的小告示牌，几乎所有的住户都同意了。两个星期后，研究人员回来询问这些住户是否愿意用一个大告示牌去替代之前的小告示牌，结果同意的住户比例竟惊人地高达 76%。

这些实验表明了"门槛效应"这种方法所具有的能量。如果他们已经同意了一个小的请求，就会更愿意同意一些大的请求。超过 40 多年的研究已经表明，这种方法在很多不同的场合下适用。先让人们向慈善组织进行小额捐款，接着就可以提出更多的请求。让员工们同意在工作环境中做一些小的改变，那么他们会愿意接受更大的改变。让他们去将正常的灯泡换成低能耗的灯泡，那么他们接受全方位节能的生活方式的可能性就会增加。

最后，当研究人员没有充分利用"门槛效应"的时候，其实就是鼓励人们当着他们的面关门。要想将脚踏入门槛，最好一开始将起点放低，然后再慢慢地抬升。这种方法需要我们一开始提出一个不合情理的要求，被拒绝后再提出一个更为合理的要求。

也许，关于这种方法最著名的实验，就是由亚利桑那州立大学的心理学家罗伯特·恰尔蒂尼与其同事进行的。在他的经典实验里，一个研究团队扮成青年咨询项目的成员，询问一些学生是否愿意带一组少年犯到动物园里玩一天。不出意料，只有不到 20% 的学生同意这个提议。

研究人员并没有因此气馁，他们采取了另一种不同的策略。这一次，他们在接触另一组学生的时候，提出了一个更大的要求：他们询问这些学生，在未来两年里，是否愿意每周腾出两个小时去为少年犯提供咨询。

这请求再一次遭遇了普遍的拒绝。但是，在学生们表达拒绝之后，研究团队提出了一个更为合理的要求：带少年犯到动物园游玩一天如何？在这种情况下，超过半数的学生表示同意。

在另一个例子里，在法国研究人员的安排下，一位年轻女士在一家酒店里不断假装自己忘带钱包，因此希望其他顾客能帮她付一下账单。当她要求顾客借给她钱的时候，只有10%的顾客愿意给她。但是，当她一开始要求这些顾客为她支付全额账单，然后再提出只需几法郎的要求时，75%的顾客愿意掏钱包。这次实验再一次证明，这种方法在许多不同的场合都有效。从房屋价格到工作时间，从薪水到信用卡透支限额，一开始提出高要求，然后降低要求的做法都是能够得到回报的。

想要说服别人，你要试着将脚越过对方的门槛，也可以先提出一个不合情理的要求，让门摔在你脸上，然后再去讨价还价。更重要的是，研究表明这些方法完全可以在数十秒之内学会。

用行动转化"能量"
用理性的力量屏蔽诱惑

人类是一种非理性的生物。我们会轻易被别人使用的一些伎俩所影响。你要小心那些运用"优惠享不尽"方法的人，小心那些自动提出折扣或优惠从而让你掏腰包的人。与此同时，你还要小心那些一开始提出低要求，然后慢慢加码，或是那些一开始提出高要求，然后迅速回归到"合理"水平的人。当然，你也可以运用上述方法去影响别人。正如欧比·旺·柯诺比所说的，你全新发现的这种能量，会对那些心智软弱的人产生重要影响，因此你要善用这种能量。■

不再为自己的决定感到遗憾

在做出一些不那么重要的决定时，我始终会权衡利弊。但是，面对重大的抉择，你应该听从潜意识的指挥，聆听内心的声音。

——西格蒙德·弗洛伊德

试想一下，你的老板告诉你，她认为自己的办公室看上去缺乏文化气息，想请教你是否可以买一幅昂贵的现代艺术画，挂在墙壁上装点一下门面。你穿上外套，开车到了当地的画廊，发现只剩下面这四幅画了。

你会选择哪一幅呢？一种方法是根据你老板的个性、公司的形象以及目前办公室的装饰情况，去衡量每幅画的好与坏。另一种方法是，你凭自己的直觉，选择一幅自认为不错的画作。此外，你还可以运用一种截然不同的方法，根据最新的研究，这种方法有助于你做出正确的决定。

几年前，心理学家阿普·迪克斯特休伊斯与泽加尔·范·奥尔登运用同样的选择海报类型的方法进行了一次实验。在他们的研究里，参与

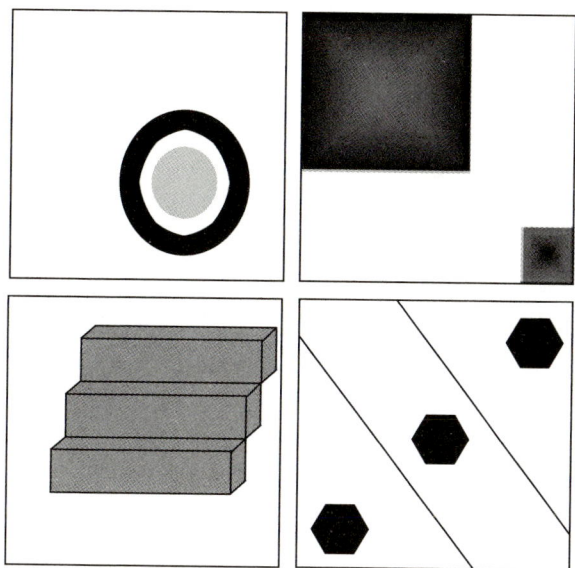

者来到实验室，观察五张海报，然后分别运用三种方法，据此选择自己最喜欢的海报。第一组参与者要花 90 秒去研究这些海报，列举出他们喜欢或是不喜欢每张海报的理由，然后认真分析自己的想法，选出最喜欢的一张。第二组参与者则只是随便浏览一下海报，然后选择他们最喜欢的一张。第三组参与者则需要迅速浏览一遍海报，然后花五分钟时间去解决一个有难度的字谜，接着再第二次简单地浏览海报，做出最终的选择。三组参与者都会对他们喜欢这幅画的程度进行打分。

在所有参与者做完选择与打分之后，研究人员做出了一个前所未有的慷慨行为，送给每个人他们最喜欢的那张海报，作为感谢他们参与这项实验的礼物。最后，每位参与者在离开实验室的时候，手里都拿着卷起的海报。此时，研究人员请他们留下电话号码，以防数据存储出现问题需要他们再次实验时使用。

如果你参与了这项实验，实验中，研究人员索要你的电话以防电脑硬盘出故障时方便联系，说明一切另有玄机。他们肯定会在日后给你打电话的。这样的电话有可能在大半夜响起，来电者是一位市场研究人员，他询问你是否愿意接受一项关于肥皂产品的调查。与此类似地，你可能会接到一位宣称是你久未谋面的朋友的电话，问你是否有空见见。或者说，一位研究人员可能会直接来到你家，向你问好，然后询问你是如何处理那张海报的。

距此实验结束一个月后，研究人员联系了之前的参与者，询问他们对选择的海报是否满意，以及别人出多少价格他们才愿意将其出售。那些被研究人员要求认真考虑每张海报的好坏的参与者，一开始在实验室里选择海报的时候，对自己的选择充满自信。事实上，他们远比那些只是看了几眼以及那些花费几分钟解答字谜，然后做出决定的参与者更自信。但是，四周之后，一种不同的情形出现了。那些花时间解答字谜然后做出选择的参与者对他们的选择更为满意，别人想要购买他们的海报，得出更高的价钱。

为什么会出现这样的情况呢？迪克斯特休伊斯认为，潜意识的力量能帮助人们变得更富创造性，这种力量有助于人们做出更好的决定。当我们在对多个有差异性的选项做抉择的时候，显意识会用一种理性、冷静的方式去评估状况，然后做出决定。但是，当情形变得更复杂时，我们的头脑在处理一些事实或是数字方面的能力有限，因此最后的结果也不会太好。跟显意识做整体分析的角度不同，潜意识更专注于最明显的要素，这样做虽然在宏观上有所欠缺，但对处理复杂事情却表现得更好。若是我们给予潜意识一些时间，它就能做出一个更周全的决定。迪克斯特休伊斯与范·奥尔登将其定义为"潜意识思考理论"，认为当我们在面对复杂事情时，可以根据中间路线做决定。过分思考做的决定，很多时候与草率抉择一样糟糕。你该怎样善用潜意识去解决难题呢？方法就是让一件分散精力、难度比较大的事情占据你的显意识，比如解决字谜或是以间隔三的方式倒数，从而使显意识处于忙碌状态，将其支开，让潜意识得以有机会运转。

当然，在做重要决定前解答字谜，并非确保我们不为自身决定感到遗憾的唯一方法。事实上，根据其他的研究成果，还有另一种更为迅速有效的技巧。

康奈尔大学的心理学家托马斯·季洛维奇已经对遗憾心理学进行了长达 10 年的研究，其成果让人着迷。他的许多研究都要求参与者回顾过去，描述生活中最大的遗憾。大约 75% 的参与者后悔没去做某事，其中排在"遗憾"榜前三位的是：在学校时没好好学习，没有抓住某个重要的机遇，没有抽出足够多的时间去陪朋友与家人。与此相比，只有 25% 的参与者对他们过去做过某些事感到遗憾，比如在事业上做了一个糟糕的选择，与一个不爱的人结婚，或在错误的时间点有了孩子。

看来，问题的一部分在于，看清过去发生的一些事情所带来的负面结果相对容易。你在事业上做了一个错误的选择，因此你现在只能做着自己不喜欢的工作。你在很年轻的时候有了孩子，因此腾不出时间与朋友出去玩耍。你与自己不爱的人结婚，结果婚后经常吵架。这些错误决定带来的不良后果都是已知的，所以其遗憾的程度有限。但是，若涉及那些我们没有去做的事情，情况则发生了巨大的变化。突然，你发现那些没做过的事，会带来无穷无尽的好处。比如，要是我当初接受了那份工作，要是我当初有勇气跟喜欢的女生约会，要是我将更多的时间投入到学习中去，现在会怎么样呢？在这种情况下，你可以天马行空，任凭想象。

季洛维奇这些让人着迷的研究工作，为 19 世纪美国诗人约翰·格林利夫·惠蒂尔所说的一句话提供了科学的依据："所有悲伤的语句里，最悲伤的莫过于一句：本来可以。"

用行动转化"能量"
字谜与潜意识

在直截了当地做决定时，可以运用显意识，权衡事情的利弊，理性与冷静地评估形势。但是，如果你面对的是更为复杂的状况，可以试着让显意识休息一下，让潜意识运作起来。下面的这些训练方法就是以迪克斯特休伊斯与范·奥尔登的研究结果为依据，旨在帮助你做出更好的决策。

A. 你要做出什么决定？

B. 你要在五分钟之内尽可能多地解答以下字谜。如果某个字谜很难，不要想太久，接着换到下一个。

字谜	提示	你的回答
1. Open change	欧洲城市	
2. A motto	著名的蔬菜	
3. Past eight	在意大利很流行的东西	
4. Noon leap	欧洲的将领	
5. Ring late	三条边	
6. Tail north	游泳、骑车与跑步	
7. Did train	爱尔兰度假地	

8. Eat	是……的时间了
9. Loaded inn	花朵
10. Cool cheat	对很多人来说比钻石还好
11. Neat grain	南美国家
12. Lob aloft	比赛时间分为四节的体育项目
13. Groan	在教堂里经常能看到
14. Mini rat	酒精饮品
15. Cheap	柔软的水果

现在，无须对遇到的问题想太多，写下你的决定吧……

字谜的答案：

1.Copenhagen（哥本哈根）2.Tomato（西红柿）3.Spaghetti（意大利面）4.Napoleon（拿破仑）5.Triangle（三角形）6.Triathlon（三项全能运动）7.Trinidad（特立尼达岛）8.Tea（茶）9.Dandelion（蒲公英）10.Chocolate（巧克力）11.Argentina（阿根廷）12.Football（美式足球，即橄榄球）13.Organ（管风琴）14.Martini（马天尼酒）15.Peach（桃子）

控制遗憾情感的方法

研究表明，当绝大多数人回首他们过往的人生时，都倾向于为自己没有做的事感到遗憾。一旦你明白了这点，就可以运用下面这些迅速有效的方法去避免遗憾情绪的出现。

首先，为了避免将来后悔，你可以对机会采取一种"我要做"的态度。正如作家马克思·卢卡多曾经说的，"投入精力，投入时间，写一封信，道一个歉，游玩一趟，买个礼物。现在就去做。牢牢抓住机会带来的欢乐感受，错过机会会让你追悔莫及。"

其次，如果你为自己没有做某事而感到遗憾，想想自己还可以做什么事来弥补。你可以写一封信，给某人打个电话，或是抽出更多时间陪陪家人，弥补过去因为各种原因而出现裂痕的关系，甚至可以重返大学进行深造。你可以将遗憾视为某种催促和鼓励。

最后，如果你无法做任何让局面变得更好的事，就可以筑起一座心灵的围墙，不让这些臆想出来的好处牢牢占据你的心灵。相反，你要让自己专注于那些已经出现的好事，并企盼有更多的好事发生。■

【心理学链接：你是"完美主义者"还是"满足者"？】

你可以抽一些时间阅读下面十句话，然后按照你对它们的认同程度进行打分。不要花太长时间去思考每一句陈述，只需诚实作答即可。

分值从1分（"强烈反对"）到5分（"强烈赞同"）不等。

1. 在看电视的时候，我会不时换频道，而不是只看一个节目。　1 2 3 4 5

2. 我觉得购物是一件很难的事，因为我只买自己最有需求的东西。　1 2 3 4 5

3. 我会花很多时间去选择租什么录像带或是 DVD，因为我喜欢在各种不同类型的电影中慢慢挑选。　1 2 3 4 5

4. 有时，我会回想自己错过的那些机遇。　1 2 3 4 5

5. 在做决定之前，我会考虑所有不同的选项。　1 2 3 4 5

6. 我不愿意去做无法逆转的决定。　1 2 3 4 5

7. 当我做某个决定时，我通常都会想，如果我做出不同的选择，事情会朝什么方向发展呢？　1 2 3 4 5

8. 我觉得自己很难接受次优的选择。　1 2 3 4 5

9. 在浏览网页时，我会迅速从一个站点跳到另一个站点。　1 2 3 4 5

10. 我很少会对已拥有的东西感到兴奋，因为我常幻想能得到更好的东西。　1 2 3 4 5

你将自己对每句话的打分相加，就得出了整个问卷的总分。低分段是在 10 到 20 分，中等分段是在 21 到 39 分，高分段是在 40 到 50 分。

研究表明，人们一般都会运用两种心态去面对人生——知足和不知足。"不知足者"一般都会在上面的问卷里得高分，而"知足者"通常得分比较低。极端的不知足者会不时审视各种已有的选择，确保自己不会吃亏。与此相反，极端的知足者只去寻找生活必需的东西。因此，不知足者一般都会有更大的成就，但他们需要耗费更长的时间去找寻自己真正想要的东西，并且不容易快乐，因为他们总认为事情应该还能更好。

比方说，研究人员对找工作进行了一项研究，他们将来自 11 所大学、超过 500 名的毕业生分为知足者和不知足者，然后追踪他们找寻工作的情况。不知足者找到的工作薪酬平均要比那些知足者高出 20%，但他们同时也会对自己找到的工作不满意，容易产生悲观、焦虑与压抑等情绪。

如果你是一位不知足者，觉得耗费了太多时间去找寻完美的物品，那么限制你投入某些活动的资源（比方说，你只给自己30分钟去为朋友购买一张生日贺卡）或是做出一个不可逆转的决定（比方说，你将所有的收据扔掉），可能对你是有好处的。

有一句古老的格言曾说，幸福在于想着你所拥有的，而不在于拥有你想要的。看来，当不知足者得到了他们想要的东西，也并不会满足，他们又会去寻找下一个目标。■

如何判断人们是否在撒谎

当别人对你撒谎的时候，你认为他们会做出怎样的行为举止呢？你可以看看下面列出来的行为，然后在"是"与"否"上做一个标记。

当人们撒谎的时候，他们一般会……

	是	否
1. 避免进行眼神接触。	☐	☐
2. 露出更多的微笑。	☐	☐
3. 在座位上扭动身体，如果他们站着的话，重心会从一条腿换到另一条腿。	☐	☐
4. 手心与脸上都会冒汗。	☐	☐
5. 用双手遮住嘴巴。	☐	☐
6. 用冗长且漫无边际的话去搪塞别人的提问。	☐	☐
7. 给出一些毫无条理与不合逻辑的回答。	☐	☐
8. 更加频繁地点头。	☐	☐
9. 做出更多的手势。	☐	☐
10. 长出长鼻子。	☐	☐

让人惊讶的是，人们通常都会隐瞒一些事实。在我与《每日电讯报》进行的一项调查里，四分之三的参与者都表示，他们在一天之内至少都会撒一个谎。其他的研究结果也显示，高达 90% 的受访者表示，他们会在约会上撒谎。大约 40% 的人表示，他们在向朋友撒谎的时候感到心安理得。在职场环境下，撒谎更是难以避免，不少调查结果都表明，大约80% 的应聘者在面试工作的时候撒过谎，大约 50% 的员工至少会在一些重要的事情上向老板撒谎。

鉴于欺骗行为的普遍存在，各种各样用于发现这些无伤大雅的谎言的方法应运而生。比方说，在古代，有一种名为"烧得通红的拨火棍"的测验是很流行的。它完全可以说是人间地狱，具体的操作步骤就是将一根铁棍放在熊熊烈火里煅烧，然后拿出来，强迫被指控撒谎的人舔这根铁棍三次。这个测验的理论依据是，无辜的人喉咙会分泌出大量的唾液，能够避免自己被烫伤，而那些撒谎的人的喉咙会变得干涸，很容易在舔铁棍时被烫到。

根据相关史书记载，在中世纪西班牙宗教法庭大行其道期间，有一种相似但没这么野蛮的方法同样流行。人们会强迫那些被指控撒谎的人吃一些大麦面包与奶酪，而站在他身边的人会不停祈祷，如果此人真的撒谎，那么天使加百利就会成功阻止他咽下这些食物。就我看来，上述的这两种方法都无法经受住一般的科学性实验。因为只要用一些小伎俩，就能骗过祈祷者和天使加百利。但是，如果要进行这样的实验，那么任何积极的发现都会支持关于撒谎的最常见理论——"焦虑假设"。

所谓的"焦虑假设"，是说人们在撒谎的时候，他们会变得很紧张，因此会表现出一系列焦虑引发的症状，这包括嘴巴变干，导致他们的嘴巴会牢牢粘住滚烫的铁棍，或是无法吞下大麦面包。

虽然这个理论非常符合我们的直觉，但要想找寻一些可靠的证据去加以证明，却并非易事。一些研究表明，很多骗子在撒谎的时候，与那些说出实话的人相比没有感到特别的压力。

比方说，在南安普敦大学的心理学家理查德·格拉姆措与其同事最近进行的一项研究里，他们要求参与实验的学生首先接受心跳速率检查，然后询问他们最近考试的成绩。询问的内容包括这些学生过去几年来的学业成绩，然后让他们拿自己的能力与其他同学进行比较。参与者不知道的是，在询问结束之后，研究人员将会了解他们真正的学业成绩，从而判断哪些学生在说真话，哪些是夸大其词。有趣的是，研究结果显示，接近一半的学生夸大了他们的学业成绩。更为有趣的是，心跳速率的数据表明，那些夸大学业成绩的学生在心跳速率方面并没有比说实话的学生感到更大的压力，甚至撒谎的学生感觉更加轻松愉悦。

运用高科技手段检测焦虑指标，其结果让我们大跌眼镜。但是，这并没有影响公众接受这种观点，即当一个人隐瞒事实时，他会非常紧张。也许，这是电影与电视节目引导的结果，因为那些里面播放的画面都表明，撒谎的人一般都会手心出汗、心跳加速。绝大多数人认为，揭穿某人是否撒谎的最好信号就是他的焦虑指数。

许多研究团队耗费大量时间对比了电影中撒谎者与说实话的人的行为举止，训练有素的观察员会解读每一个微笑、眨眼与手势的含义。每一分钟的电影片段都需要一个小时去分析，得出来的数据可以让研究人员去对比撒谎与说实话时人在行为上的不同之处，从而发现最微妙的差异。老实说，研究的结果让人着迷。

你们可以再看一眼本章一开始提到的那个问卷调查。你在"真"的一栏打了多少个标记呢？问卷里列举的各种行为都是人们在紧张时会做的。他们会避免眼神接触，在座位上扭动身体，手心与额头出汗，说话语无伦次，等等。然而，研究人员耗费了大量时间比对骗子与说实话的人的行为后，发现这些行为并不一定与撒谎有关联。事实上，骗子一般都会直视你的双眼，不会紧张地搓手，也不会在座位上来回扭动。

然而，绝大多数人依旧坚持自己错误的认知，因而在判断某些人是否撒谎时做得很糟糕。要是将撒谎者与说实话的人的录像给他们看，然后让其判断谁是骗子，他们只会乱下结论。若是给成年人看一段小孩子描述一件真事或是虚构事情的片段，成年人根本无法分清真假。而要求某人说服他们的长期伴侣，说某个具有吸引力的人魅力不再，通常都能取得意想不到的成功。即便是对律师、警察、心理学家与社会工作者来说，他们都没有找到揭穿某些人是否撒谎的可靠方法。

既然这样，如何才能揭穿骗子呢？虽然行骗并不总会让骗子感到压力，但这通常会加重他们的心理负担。如果你要行骗，需要思考其他人已经知道或可能发现的事实，还有谎言是否与你之前说过的话有出入。正因为如此，骗子通常都会做一些与他们为之思考良久的问题相符的行为。他们一般不会过分移动手臂或是双脚，不会做过多的手势动作，不会重复相同的话语，也不会在回答前停顿很长时间，更不会左右犹疑。除此之外，还有一些证据表明，他们通常都会想方设法让自己说的话变得更客观。因此，骗子通常会减少说诸如"我"与"我的"这类词，而更频繁地使用"他"或"她"，同时避免说出别人的名字。最后，撒谎者会说越来越多含糊的词语，避免直接回答某些问题，并通过转移话题或是提问来进行逃避。

为了发现欺骗的行为，就要忘记前面提到的那些所谓的紧张与焦虑的特征。因为骗子往往已经了解到这些知识，因此会用一种奇怪且客观的口吻去说话，在谈话过程中模糊焦点。他们的托词，让即便是经验丰富又老道的政治家或是优秀的销售员都感到脸红。■

用行动转化"能量"
如何辨别撒谎者

身体语言

要想成功地发现别人是否撒谎，需要我们抛弃"焦虑假设"的观点，而找寻一些说话者是否显示出努力思考的信号。忘记那些撒谎者一定会手心出汗、焦虑不安或是避免眼神接触的陈腐观念。相反，要特别留意那些突然变得沉默或是减少肢体动作的人。同时，你还要学会聆听，关注说话者是否突然减少细节描述，出现停顿与犹豫，或避免使用"我"与"我的"，增加使用"他"或"她"等词语频率等情况。如果某人说话时突然闪烁其词，你要直截了当地追问下去。

要想发现可能出现的转变，你可以尝试研究人员称之为"诚实底线"的这种方法。在提一些对方可能会撒谎的问题前，先提些对方更有可能诚实回答的问题。通过观察，你可以了解他在说实话时做出的一些肢体动作，聆听他们说话时使用的词语。然后，在他们回答一些棘手问题时，要留意他们是否出现了语言和身体上的转换。

同时，你要记住，即便你的确看到了这些信号，也不能完全确保对方是在撒谎。这些线索只能说明对方也许并没有说出全部事实——这也是你继续深入挖掘的一个良好信号。

给我发邮件

　　康奈尔大学的沟通专家杰夫·汉考克与同事要求一些学生用一周时间去记录他们的面谈、电话聊天、短信以及电子邮件的情况，然后列举一个名单，看看哪些沟通方式包含着更多谎言。研究结果显示，人们在使用电子邮件时撒谎的概率为 14%，在使用短信时撒谎的概率为 21%，在面对面交谈时撒谎的概率为 27%，在电话聊天时撒谎的概率为 37%。根据汉考克的观点，人们之所以不愿意在使用电子邮件时撒谎，是因为他们的话语会被记录下来，这让他们内心忐忑不安。如果你想最大限度地降低别人对你撒谎的风险，可以请别人给你发邮件。■

【心理学链接：决定某事需要多长时间】

韦尔福瑞德－劳瑞大学的心理学家罗杰·比勒就时间管理这个问题进行了一项富于洞见的研究，他要求学生说出他们认为完成一份重要学期论文的时间。学生们普遍认为，他们一般在截止期前十天就能完成。但是，这些学生都过分乐观了。事实上，他们都是在论文截止期前一天才完成的。这种效应就是人们所知的"计划谬论"效应，这种效应并不局限于这些想要按期完成论文的学生身上。研究表明，人们往往会低估完成一个项目所需的时间，特别是在团队合作的时候，更容易产生不切实际的期望。虽然他们想要现实一些，但又总认为所有事情都会按计划进行，不考虑可能出现的意外延迟或是无法预见的问题。

而比勒的研究工作也提出了克服这个问题的一种迅速有效的方法。当他要求学生们回想他们过去完成类似工作所需的时间时，学生们的预估很接近现实。看来，要想对一个项目所需的时间进行精确评估，最好是回看自己过去完成类似的项目花了多长时间。

如果这种方法行不通的话，你可以尝试伊利诺伊大学香槟分校的心理学家贾斯丁·克鲁格与马特·埃文斯研究出来的这种方法。在他们的研究里，参与者需要估算他们完成一个相对复杂活动所需的时间，比如为一场约会做好准备等。一个小组的参与者只要对所需的时间进行估计，而另一个小组则要将这些活动"分解"为几个部分（洗澡、换衣服与慌慌张张等），然后再估算所需的时间。那些在心里进行"分解"步骤的参与者所估算的时间，要比第一组的参与者更精确。因此，想知道自己做某事要用多少时间，在估算前将要做的事情的各个步骤分解就好了。■

第五章　个性

Chapter 5

为什么不能相信笔迹学
食指和无名指长度之比的秘密
如何通过一个人的宠物、上床时间洞察其个性

　　2005 年，世界主要政商领袖齐聚瑞士，参加年度经济论坛，商议世界面临的一些最为重要的问题，从贫穷到私有化，从资本主义到气候变化……虽然商讨的议题如此重要，但不少媒体都将报道聚焦于某位重要领袖在一次新闻发布会上留下的一张纸上。

　　一些新闻媒体宣称，英国前首相布莱尔在参加会议期间，用笔在这张纸上涂鸦了一些内容。新闻媒体邀请了不同的笔迹学家，试图根据布莱尔的书写与涂鸦去对他的心理状况进行评估。笔迹学家迅速接受了这个挑战，他们表示，布莱尔写的文字前后缺乏连贯性，而且写作的方向是呈直角的，这表明布莱尔"在挥霍无聊的时光"，展现了他当时是在做白日梦的状态，希望所有事情都能顺着好的方向发展，还说明他无法胜任一些工作，并且隐约感觉自己的政治生涯即将要走向终结。

　　那时，布莱尔的确面临着各种政治问题与丑闻，这包括接下来胜算不大的大选。因此，笔迹学家们的观察似乎能对布莱尔的个性有深刻的洞察。但是，几天后，事情朝着另一个方向发展：唐宁街新闻发言人指出，那张纸其实并不属于布莱尔，而是比尔·盖茨的，他是微软公司的创始人与世界上最为成功的商人。

按照那些支持笔迹学的人的说法，将布莱尔与比尔·盖茨混淆无伤大雅，同样能够展现出写字者的个性。他们认为，通过观察一个人书写的文字，能够非常准确地洞察他的个性、智力、健康甚至是犯罪倾向。他们的这些说法让不少人事部门的主管都信以为真。有调查表明，大约有 5% 的美国公司与 10% 的英国公司都会定期将应聘者的书写的笔迹纳入招聘程序，并据此拒绝一些他们不满意的应聘者。

但是，这是否真的有什么依据，抑或笔迹学不过是一个思维误区呢？研究人员杰弗里·迪恩投入了许多时间去研究这个问题，收集了数以百计的科学研究，运用这些研究去评估那些支持笔迹学这一古老艺术形式的人的说法是否站得住脚。研究的结果让人心寒。

在一次分析里，迪恩对 16 篇关于职场笔迹学的学术论文进行了检查核对。他将笔迹学家们对职员表现的预测与部门主管对职员在工作时的评定进行了一番比较。结果显示，笔迹学家的预测与部门主管的评定毫不相关。事实上，笔迹学家的预测感觉他们像是没有接受过任何笔迹训练的门外汉。

在另一次分析里，迪恩研究了一些报告，这些报告将笔迹学家对一个人品格的预测与科学的品格测验得出的分数进行了比较。迪恩收集了相关的期刊文章（这一次，他找到了 53 篇），然后分析对比结果。最终发现，笔迹学家的预测精确度不仅低得可怜，而且与那些之前从未接受过笔迹学相关训练的人的预测得分是一样的。

若想通过笔迹去洞察别人的个性，这么做注定是失败的。将布莱尔与比尔·盖茨的笔迹混淆，并非只是很偶然的失误，恰恰证明科学研究认为笔迹学毫无根据可言是正确的。与很多笔迹学支持者的说法相反的是，研究显示，笔迹学无法对某人的个性进行准确且可靠的洞察，因此不应该视为预测员工表现的一种有力工具。

五大性格

历史上一些最伟大的思想家都曾想过去解开复杂的人性。弗洛伊德认为，最好以身体通道得到最大快感的方式对人进行分类。维多利亚女王时代特立独行的科学家弗朗西斯·高尔顿则是通过检查人的头骨凸起去区分人的个性。荣格则认为，人的个性取决于他出生时天上星星所处的位置。

其他一些科学家，诸如戈登·奥尔波特与汉斯·埃森克则采用一种更为冷静且有效的方式去进行研究。这些研究人员认为，人类心灵结构的秘密蕴藏于语言之中。人们用来描述自己与别人的语言之所以被创造出来，是因为这些词汇能精准反映出个性的一些基本层面。他们认为，如果情况的确如此，那么我们就可以通过精心收集与比对描述一个人的语言，从而发现个性的重要基础。

关于个性的研究始于 20 世纪 30 年代，一群研究人员仔细阅读了一本完整的字典的每一页内容。他们从字典里挑出一些用来描述人个性的词语，从"有趣的"到"可恶的"，从"和蔼的"到"好战的"。研究团队最终将 18 000 个单词汇集成册，然后从中发现 4000 个用来描述相对稳定与重要品格的单词。在 20 世纪 40 年代，另一组研究人员继续了这样的研究，运用早期的电脑计算分析方式，将这份清单压缩成 200 个单词。在接下来的 40 年里，研究人员要求成千上万的志愿者从其中选择一些形容词去形容自己与别人，并用越来越复杂的统计方法对这些数据进行分析，从而更好地找到人与人之间差异的关键之处。最后，到了 20 世纪 90 年代，研究人员终于达成了共识。来自多个国家与文化背景的研究人员进行了一次大规模的调查，证实了个性存在着五大主要层面。

这五大层面，合起来说就是"五大性格"，这代表着个性研究的"圣杯"。多年来，人们会对这五大层面贴上不同的标签，但一般来说，这五个标签通常是指开放性、直觉性、外向性、亲和性与情绪敏感性（按照每个字母的首写字母，可以缩减为 OCEAN）。每一个层面都可以看成一种从高到低运转的连续状态。我们可以根据每个人在这个层面的得分，去衡量他们是处于哪一种个性当中。其他相关的研究结果也表明，这五个层面取决于遗传基因与童年经历，可能一辈子都不会改变，因此也会影响到人际关系、职场表现、休闲活动、消费选择、宗教与政治信念、创造性思维、幽默感以及健康等各个方面。

这五个层面背后隐藏的核心是什么呢？在每个层面里得分高低又意

味着什么呢？

开放性是指一个人找寻与体验全新、有趣且不同寻常的经历的程度。在这个层面得分较高的人都具有较强的好奇心与开放心态。他们很容易会感到厌烦，但在容忍模糊不清的事物方面又特别擅长，因此能从不同的角度去观察形势与问题。他们具有创造性思维，为人睿智、有趣、富于想象力、不墨守成规。他们拥有丰富的心灵生活，喜欢新思想，勇于追逐梦想，很容易成为被催眠者。与此相反，在这个层面得分较低的人往往比较传统、务实，更关注事情现实的一面。他们对熟悉的地方与事物都感到比较自在，很容易按照固有的步骤去解决问题。

直觉性是指一个人为了实现目标，表现出来的组织、坚持以及自律的程度。在这个层面得分较高的人往往都具有较强的组织能力、为人可靠、工作勤奋，具有坚韧不拔的精神，能够为了长远的成功而牺牲短期的利益。这些人在职场的表现会特别好，能够坚持新年下定的决心，做事非常准时。同时，他们一般寿命会比其他人长一些，因为他们不会去做高风险的事，比如超速驾驶等，而且他们喜欢锻炼身体，平时的饮食较为均衡，会定期进行体检。在这个层面得分较低的人通常都不那么可靠，为人更随和与乐观。要调动他们的积极性很难，且他们很容易分心，但是他们面对不断变化的情形时却能表现出较强的灵活性。

外向性是指一个人对外在世界或是他人刺激的需求程度。在这个层面得分较高的人都是比较有趣的，他们做事较为冲动、能乐观地面对生活，享受与别人共度的时光，拥有较广的交际圈。他们更喜欢做领导者，而不愿意去追随别人，他们喜欢听那些具有挑衅或是色情味道的笑话，喜欢喝酒，擅长同时做很多事情。他们会追求即时满足，比别人拥有更多的性伴侣，更可能做出不忠的行为。在这个层面得分较低的人做事时思考会更周密，懂得自我克制并有所保留。他们的社交生活一般都围绕着相对较少的几个亲密朋友展开，他们宁愿在晚上读一本好书也不愿出去泡酒吧。他们对痛苦更敏感，擅长专注于一个目标，更愿意听一些有智慧的笑话，喜欢在一个相对封闭的办公室里工作，不想被外界分心。

亲和性是指一个人关心别人的程度。在这个层面得分较高的人值得信赖，具有利他心理，为人友善，富有怜悯心，也许最重要的一个品质，就是他们很讨人喜欢。这些人不容易离婚，在工作面试时更受欢迎，并且更容易得到晋升提拔的机会。在这个层面得分较低的人要更富攻击性，跟人相处会有敌对心理，采取不合作的态度。这些人一般只从自己的角度看待问题，将正确看得比别人的想法与情感更重要，在需要果敢决断的情形下表现得更好，不大可能让别人占便宜。

第五个，也是最后一个层面，就是情绪敏感性，这是指一个人在处理一些具有潜在压力情形时表现出情感稳定的程度。在这个层面得分较高的人更容易感到焦虑，自尊心较低，会制订一些不切实际的目标，经常会体验到诸如不安、敌意与嫉妒等消极的情感。他们对被爱有着强烈的渴求，并且伴随着较低的自尊心，这些人很容易与人形成一种过度占有或是相互依赖的关系。在这个层面得分较低的人一般都会比较冷静、放松，能够坚毅勇敢地面对失败，在情感上也比较平稳。这些人通常不会为一些消极的事情所苦恼，擅长利用幽默的话语去缓解自己与别人的焦虑，能够很好地应对糟糕局面，有时甚至能顶住压力，更好地发展。

现在，绝大多数心理学家都认为，人性复杂且不可预测。事实上，人们只是在这五个层面上有着不同程度的表现而已。当你了解了这些层面，就能对自身的行为与思考有很深的洞察力。与此同时，当你能够迅速了解身边人的个性，这将有助于你了解他们的行动以及与他们沟通的最好方式。当代的研究表明，弗洛伊德、高尔顿与荣格等人的观点略有瑕疵，而了解人类个性的秘密就在于这五个层面。■

用行动转化"能量"
发现你的性格

　　心理学家已经想出了不少的问卷，以测量人们的五大性格。遗憾的是，他们一般都会提出许多的问题，完成这些问卷需要耗费大量的时间。不过，一些研究人员精简了版本，从而帮助你发现自己在五个层面中所处的位置。当然，这个版本并不能完整地描述你的个性，却能让你对自身的个性有一番大概的认识。

　　为了完成这个问卷，请运用下面表格里的评分标准，评估每句话与你自身个性的相符程度。你描述现在的自己，而不是按照你对未来自己的愿望进行评估，还要以与你年龄相仿的朋友做参照。此时，你可以忽视表格右上方所标示的数字。

我认为自己是这样的……	完全不同意	比较不同意	稍微不同意	既不同意也不反对	稍微同意	比较同意	完全同意
1. 中心人物	1	2	3	4	5	6	7
2. 对他人缺乏关心	7	6	5	4	3	2	1
3. 始终做好了准备	1	2	3	4	5	6	7
4. 很容易感到压力	1	2	3	4	5	6	7
5. 有杰出的创意	1	2	3	4	5	6	7
6. 不大喜欢说话	7	6	5	4	3	2	1
7. 对他人充满兴趣	1	2	3	4	5	6	7

我认为自己是这样的……	完全不同意	比较不同意	稍微不同意	既不同意也不反对	稍微同意	比较同意	完全同意
8. 经常忘记将东西放回原处	7	6	5	4	3	2	1
9. 绝大多数时候都感到放松	7	6	5	4	3	2	1
10. 在理解抽象概念时存在困难	7	6	5	4	3	2	1

如何计算得分

当你在对第五句论述（"有杰出的创意"）与第十句论述（"在理解抽象概念时存在困难"）进行评估时，请将这两项得分加总，就是你关于"开放性"的得分。不超过 10 分为低分，超过 10 分为高分。你可以在下面的横线上写下自己的总分，看看自己处于什么范围。

开放性

第 5 项与第 10 项的总得分：

低分（不超过 10 分）　　高分（超过 10 分）

现在，你可以在评估接下来的四个层面时重复这样的过程。

直觉性

第 3 项与第 8 项的总得分：
低分（不超过 11 分）　　高分（超过 11 分）

外向性

第 1 项与第 6 项的总得分：
低分（不超过 9 分）　　高分（超过 9 分）

亲和性

第 2 项与第 7 项的总得分：
低分（不超过 10 分）　　高分（超过 10 分）

情绪敏感性

第 4 项与第 9 项的总得分：
低分（不超过 9 分）　　高分（超过 9 分）

基于得分的简单分析

开放性。得分较高者一般都富于想象力与创造力，但他们同时容易对事物感到厌倦，因此需要全新的创意与体验去滋养心智。

低分者更加务实，因此他们会想办法将已有的想法变成现实，从而去找寻出路。他们宁愿按部就班地做事，也不愿意做出巨大的改变，更愿意遵循已有的模式与规则。

直觉性。得分较高者一般做事比较有条理，喜欢有序化地工作，为人比较有责任心，能在严谨有序的环境下有最佳的表现。得分较低者的心态则显得更加放松，觉得享受生活并不是一件难事，但是他们在自律方面也许需要别人给予一些帮助。

外向性。得分较高者在与别人的交往中能够获得能量，他们是夜猫子型的人，吃软不吃硬的。与此相反，得分较低者喜欢在安静的环境下单独工作，才会感到最大的快乐，他们的思维在早上的时候处于最敏捷的状态，相较对奖赏的期望，驱动他们工作的更多是对遭受惩罚的恐惧。

亲和性。得分较高者一般都是值得信赖、友善的且具有合作精神的，但要小心避免其他人过分利用他们这种仁慈的性格。得分较低者通常更富进取心与竞争力，能在需要坚强意志与直接对话的环境下表现优异。

情绪敏感性。得分较高者更容易缺乏安全感，同时会避免那些让他们感到厌烦的情景，因为这些消极的情感需要过一段时间才能消解。得分较低者一般会更放松，不容易展露自己的情感，也不容易焦虑不安，能在其他人感到压力的环境下表现良好。

【心理学链接：五大性格的背后】

大脑功能与后天教养的差异，可能是导致个性差异的重要原因。

比方说，外向性因素就与大脑激活有关。如果你打开某人的头盖骨，认真地进行观察，就会看到那里有一片皱巴巴的肌肉组织，这就是大脑皮层。这一片隆起的肌肉组织的重量占到了整个大脑的80%，并且包含着数量惊人的一亿多个神经元。每个人的大脑皮层都有不同的预先激活水平。大脑扫描显示，那些外向性得分较低的人，大脑预先激活水平上都比较高。因此，他们会避免做出更进一步刺激大脑的活动，而在从事较为安静与可预测的活动上感到舒适自在。而对那些外向性得分较高的人而言，情况恰好相反。这些人的大脑预先激活水平较低，他们需要持续的外在刺激。正因为如此，他们喜欢与别人交往，愿意承担风险，容易做出一些冲动的行为。

其他的研究工作更多地专注于个性与后天教养之间的关系。比方说，加州大学心理学家弗兰克·萨洛韦就认为，开放的性格在某种程度上，取决于出生顺序。根据萨洛韦的说法，因为年幼的孩子没有像他们年长的哥哥姐姐那样有足够的能力与技巧，因此需要探寻全新的方式去赢得父母的爱意与关注，这反过来会让他们变成更开放、富有创造力、打破传统、具有冒险精神的性格。

为了验证这个理论，他对来自各行各业超过 6000 名著名人士的人生进行了分析，最后他宣称自己找到的证据非常具有说服力。他表示，绝大多数美国总统（包括吉米·卡特、乔治·布什以及比尔·克林顿）在家里都是长子，而那些革命领袖，比如杰弗逊、马克思与卡斯特罗，在家庭的出生顺序都是比较靠后的。与此类似，在科学领域方面，萨洛韦也表示，家庭里的初生儿一般都会成为科学组织成员，而出生顺序较靠后的人，比如达尔文与哥白尼，则往往会提出改变世界的全新思想。当然，这是一个颇具争议的理论，但如果这个理论正确的话，将极大地展现孩童时期的微妙差异对他们的个性产生的惊人的影响。■

卡萨诺瓦效应

　　想象一下，你决定辞去目前的工作，开始作为职业手相家的全新事业。你购买了必需的长袖衣服，在最靠近滨海城镇的一条繁忙人行道上搭起一个摊位，然后紧张地等待着第一位顾客。没过多久，一个男人走过来，坐了下来，递给你一些钱。你认真仔细地观察这位陌生男子的手，试图从中观察到任何有用的线索，从而神奇地洞察他的人生。他柔软的皮肤是否表明他是在办公室里工作？他咬指甲的行为是否暗示他最近刚失业？他长满老茧的手掌说明他经常到健身房锻炼——还是说明他对找寻一个爱慕对象有强烈的需求？根据一些心理学家的说法，要是你忽视他柔软的皮肤、咬过的指甲与长满老茧的手掌，而将注意力专注于他食指与无名指的长度上，可能会得到预测结果。这些心理学家的说法是比较有趣的，这与18世纪著名的好色之徒贾科莫·卡萨诺瓦以及英国一些最著名的足球运动员存在联系。

　　根据卡萨诺瓦精彩纷呈的个人自传，他曾是欧洲多个国家君主、主教、诗人与艺术家的座上宾。在他的自传里有一段这样的描述，他与德国著名画家安东·拉斐尔·门斯共度了一段时光。没过多久，他们就开始争论起来。门斯严厉指责卡萨诺瓦没有尽到自己的宗教职责，而卡萨诺瓦则指责门斯是一个喜欢体罚孩子的酒鬼。当他们的争论变得越来越糟时，卡萨诺瓦看着墙壁上门斯画的一幅画，开始对其批判。他指出画里一个男人的食指要比他的无名指更长，这不符合人的生理结构。门斯为自己的画作辩护，亮出自己的手掌，让卡萨诺瓦看自己比无名指更长的食指。卡萨诺瓦坚持自己的观点，也亮出自己比食指更长的无名指，并宣称绝大多数人都是这样的，说他们这样的才像"亚当子孙的手"。门斯对此非常恼怒，于是质问卡萨诺瓦："那你认为我的祖先是谁呢？"卡萨诺瓦回答说："你的祖先是谁，我不知道。不过可以肯定的是，你跟我不是同一个物种。"随着他们争吵的不断升级，于是提出要用一百枚古西班牙金币打赌。接着，门斯迅速召集了所有仆人，以验证到底谁才是正确的。检查完仆人的手后，卡萨诺瓦被证明是对的，但是门斯很快就表示，现在可以说自己是一个与众不同的人了，从而挽回了一些颜面。

中央兰开夏大学的进化心理学家约翰·曼宁将职业生涯的大部分时间都投入了卡萨诺瓦所谈到的手指长度差异的研究中。他认为，手指长度差异能在某种层面解释人类的心理。曼宁与他的同事测量了人们的食指与无名指的长度，然后将两者长度相除，得出了人们常说的"2D：4D"比值。如果无名指与食指的长度一样，那么"2D：4D"的比值就将是1.0。但是，如果无名指要比食指长，那么这个比值将会少于1.0。反之，如果食指的长度要比无名指更长，那么这个比值就会超过1.0。

研究结果显示，卡萨诺瓦的手指长度更多是与男性有关，因为男性的"2D：4D"的比值一般是0.98，而女性相应的比值大约是1.0。简言之，一般来说，男性的无名指要比他们的食指更长，而女性的无名指与食指的长度则是大致相等的。

为什么会出现这样的情况呢？根据曼宁的研究结论，其原因可以追溯到一个人生命开始的阶段，并且与母体子宫内的睾丸酮水平有紧密联系。在受孕六周后，子宫内睾丸酮的水平会出现变化。当胎儿接触了大量的荷尔蒙激素后，就会渐渐形成男性的特征，若是胎儿接触较少的荷尔蒙激素，则可能会形成女性的特征。曼宁认为，睾丸酮水平在决定一个人食指与无名指长度上同样扮演着关键角色。当睾丸酮处于高水平状态时，会使得男性的无名指比食指更长。如果曼宁的理论正确的话，那么一个人的"2D∶4D"的比值与他/她在母体子宫内接触的睾丸酮水平相关，同时这很好地显示了心理与生理特征多大程度上趋向于男性化或女性化。那些"2D∶4D"比例数值较低的人更有可能展现出男性生理特征，而那些"2D∶4D"比例数值较高的人更可能展现出阴柔的一面。

这是一个具有争议性的说法，当然也招致了相应的批判声音。但是，支持者认为，现在很多研究结果都证实了这一说法，包括对身体力量与运动才能之间的研究也验证了这个说法。在一次实验里，研究人员对一组参与者的手指长度进行了测量，然后要求他们完成各种不同的力量测试，包括肩膀运动、将重物高举过头以及仰卧推举等。研究发现，那些"2D∶4D"比例数值较低的人要比那些比例数值较高的人能举更重的东西，而且差别还不小。就以杠铃推举来说，在所举重物的重量上，那些"2D∶4D"比例数值在 0.91 左右的人要比那些比例数值超过 1.0 的人多出 24 磅。接着，研究人员将对象转移到学生短跑运动员上，测量他们完成 100 米、800 米与 1500 米的跑步时间，然后将之与"2D∶4D"比例数值联系起来。研究结果表明，那些跑步速度更快的学生的比例数值更低。在另一场实验里，曼宁与他的团队成功地测量了英国几位著名足球运动员的手指长度。在庆祝英格兰冠军联赛成立一百周年的庆祝大会上，研究人员说服了超过 300 名足球运动员，给他们的双手进行拍照。之后，研究人员将他们的手指长度比例与 500 多名从未在足球场踢过球的人的手指长度比例做比较。足球运动员的"2D∶4D"比例数值要比对照组的低许多。即便是对不同级别的足球运动员进行比较，也会发现一个很明显的差异：那些有着优异表现的"传奇球员"在"2D∶4D"比例数值上比水平一般的运动员要低。

其他的研究工作显示，"2D∶4D"比例数值同样能拓展到一些心理特征上。许多研究结果表明，男性在一些处理空间信息的测验里，要比女性有着更好的表现（这也解释了女性在需要导航的时候，往往都喜欢打开地图搜寻）。与这个发现一致，曼宁认为，他的研究表明，那些"2D∶4D"比例数值较低的男性（根据他的理论，这些人有着更为"阳刚"的大脑）会在这些任务上比其他人表现更好。与此类似地，他引用了其他研究的结果，说明"2D∶4D"比例数值较低的女性往往会展现出男性化的倾向，包括更加果断以及愿意冒险。

根据曼宁的理论，这种效应还能拓展到音乐创作上。曼宁注意到，男性音乐人的数量几乎是女性音乐人的十倍之多。他认为，音乐创作能力更多地与男性化的大脑存在联系，因此具有娴熟技能的表演者在"2D∶4D"的比例数值上都是很低的。为了验证这个理论，他对英国一个著名的交响乐团里 54 名男性成员进行了"2D∶4D"比例的测量。在交响乐团里，负责不同乐器的人都是按等级划分的，那些技艺高超的音乐人会被安排在重要位置。曼宁发现，那些在各个乐器演奏里担任首席的演奏家的"2D：4D"比例数值明显比他们的同事更低。

为了对你以及别人获得一种神秘的洞察力，你最好忘记传统的手相术，专注于食指与无名指的长度比例这一更重要的事实。■

用行动转化"能量"
如何洞察你的性格

　　一些研究人员认为，你的食指与无名指的相对长度，能让你深刻洞察自身在心理与生理层面上的能力，从而更快地对自己进行评估。你可以伸出右手，手掌心对着自己，然后比较你的食指与无名指的长度。

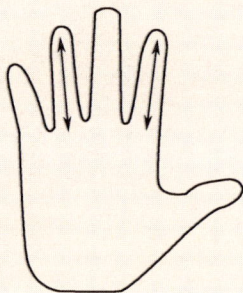

　　你的食指可能比无名指稍微长一些，那么你的手将会跟下面这个图有点相像。

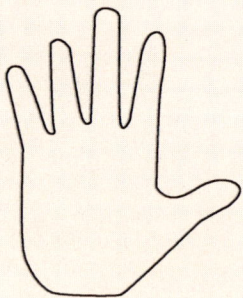

或者说，你的无名指比食指稍微长一些，那么你的手将会跟下面这个图有点相像。

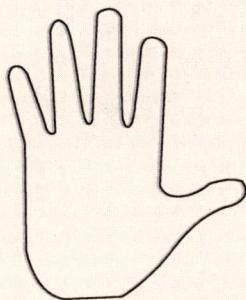

　　按照这个理论，无名指相对较长的人更具有"男性"的大脑与身体，一般会在体育运动上有着良好的表现，表现出更强的自信，情感处于更稳定的状态，也具有较强的音乐创作能力。

　　为了更加精确地执行上面这个测试，你可以伸出右手掌对着自己，仔细观察你的食指与你的手掌连接处。这个位置上会出现一些褶皱。你可以将尺子的零位放在褶皱的底端，一直测量到你的指尖（记住，不能将指甲的长度计算在内）。现在，你可以对自己的无名指重复这样的步骤。为了了解自己的"2D：4D"比例数值，你可以用食指长度除以无名指长度。研究表明，平均男性的比例在0.98左右，而那些特别具有阳刚气息的男性，这个数值可能在0.94左右，而那些比例数值在1.0左右的，一般更具女性的阴柔气质。对女性而言，一般的比例数值在1.0左右，数值越低就说明越男性化，数值越高就越阴柔。■

【心理学链接：名人的手指比例】

当我首次看到有关"2D∶4D"比例数值在预测运动与音乐方面能力上的研究结果时，我想知道的是，同样的情况是否会在其他领域有所成就的人身上出现呢？但是，想要测量富人或是著名人士的手指长度，是一大难题，我只好放弃了这个想法。之后过了一段时间，我在观察一档记录美国公路旅行的电视节目时，突然心生一计。电视节目里有一个场景是在洛杉矶拍摄的，画面里一些游客正沿着好莱坞林荫大道散步。在画面背景中，我可以看到闻名世界的格劳曼中国戏院，突然之前困扰我许久的问题迎刃而解。

自20世纪20年代以来，许多世界名人都会在这间戏院的入口处留下他们的签名、脚印或是手印，并且这些印迹都是雕刻在石头上加以保存的。我就想，是否有可能通过对这些手印进行拍照，从而计算出演艺圈一些名人的"2D∶4D"比例数值呢？他们是否睾丸激素水平非常高，手指比例数值相应比较低呢？喜剧演员是否也如此呢？因为这些喜剧演员的成功通常都是因为他们拥有很强的语言能力与创造性，而不是因为他们有着俊俏的脸蛋。

不过，这样做还存在着一个小问题——当时我身在伦敦，而这场电视节目是在洛杉矶拍摄的。但是，我不会让数千公里的距离阻挡我的研究。于是，我联系了一位名叫吉姆·昂德唐的同事。

吉姆在芝加哥当过喜剧演员，现在在探索中心频道组织工作，这一组织旨在对所谓的超自然现象提出质疑与进行科学研究。他负责该机构在洛杉矶的分支，并进行和完成了多个看上去有点奇怪的项目，其中就包括对所谓不明飞行物的照片进行检查，以及对那些宣称具有通灵能力的人进行测验。

我给吉姆发去了一封邮件，询问他是否能帮忙。我在邮件里特别指明了一点，他是否能够获得那些手印的数据，并且安排另一位同事（此人不知道"2D∶4D"理论）去尽可能地测量多一些名人的手印。吉姆接受了这个挑战。几周后，他给我发来邮件，表示测距器已经买到了，他与另一位名叫斯宾塞·马克思的研究人员合作，花费了数天时间躲避水坑与保安，最终收集了37位世界名人以及9位喜剧演员的手印数据。

这些名人都来自电影行业，其中有保罗·纽曼、布鲁斯·威利斯、约翰尼·德普、约翰·特拉沃尔塔、沃伦·比蒂与杰克·尼克尔森等。之前的研究工作表明，一般男性的"2D∶4D"比例数值在0.98左右，而这些名人的左手与右手的比例平均为0.96左右，这表明他们的睾丸酮水平高于常人。对喜剧演员的研究结果同样让人印象深刻，这包括了世界上最有趣的一些人物，比如乔治·伯恩斯、皮特·塞勒斯、鲍勃·霍普与罗宾·威廉姆斯等。他们左手的"2D∶4D"比例数值在 0.96 左右，但是右手的"2D∶4D"比例数值则达到了惊人的 1.01。

这项研究工作依然处于初始阶段，但目前已有的结果既让人着迷，又让人感觉充满希望。如果这个现象真实存在，那么我们也许真的只需要通过观察别人的手指，就能知道他们是否具有某种神奇的潜能。◣

用行动转化"能量"
迅速洞察他人个性的方法

询问别人养的宠物

几年前，我进行了一次大规模的网络调查，试图研究养宠物的人的个性与宠物之间的关系。超过 2000 名养宠物的人对他们的个性以及宠物的个性进行了评价（这些因素包括社交能力、情感稳定性以及幽默感）。除此之外，他们还要说明养宠物的时间。调查结果表明，养鱼的人最开心，养狗的人最有趣，养猫的人最可靠，而且比较敏感，养爬行类宠物的人则最独立。奇怪的是，调查结果同时还显示出，他们对所养的宠物所具有的幽默感有着不同的看法。在养宠物的人看来，大约 62% 的狗都具有良好的幽默感，相比较而言，认为鱼、猫、马、小鸟或是爬行类宠物具有幽默感的比例分别是 57%、48%、42%、38% 与 0%。

研究结果还表明，养宠物的人与他们所养的宠物的个性有很多相似性。有趣的是，这种相似性会随着时间的推移而渐渐增强，这表明所养的宠物会逐渐适应主人的个性，或者说反之亦然。多年来，养宠物的人都坚持表示，他们养的宠物有一种独特的个性——我的研究结果不但表明这是正确的，而且还显示出所养宠物的个性也能反映出主人的个性。因此，如果你遇到一位养狗的人，想要在短时间内洞察他的个性，你可以让他谈论一下养的小狗所具有的个性。

车尾贴

威廉·斯勒姆科与同事认为，很多人都会通过在车尾或是车窗上粘贴纸，让自己的汽车更具个性。他们很好奇的是，与其他司机分享公共道路的做法是否会增加这些司机路怒症的概率。为了发现真相，研究人员要求数以百计的参与者报告他们在汽车上粘贴的车尾贴与窗口贴纸的数量，同时对他们是否存在激进驾驶进行打分。调查结果显示，那些粘贴更多车尾贴的司机承认自己开车时会更激进，这包括经常追尾或是剐蹭其他车辆。因此，如果你前面的车粘贴着车尾贴，最好与他保持远一点的车距。

观察拇指

人的大脑主要按照两种模式运转。在其中一种模式里（通常被称为右脑模式），人会更加依赖直觉、视觉与创造性思维。在另一种模式里（通常被称为左脑模式），人会更依赖逻辑、次序以及以语言为基础的思维。在很多时候，你的大脑里似乎总有一位"艺术家"与一位"会计"在争吵。所有人都会按照这两种模式进行思考，但是每个人天生会倾向于其中一种模式。习惯用右手的人可以迅速运用这个方法去进行测量，了解他们到底是更倾向于右脑模式还是左脑模式，反之亦然。你可以交叉双手，然后将一只手的拇指放在另一只手的拇指上。那些将右手拇指放在左手拇指之上的人，往往倾向于左脑模式，因此更善于辩论和分析。

那些将左手拇指放在右手拇指之上的人，往往倾向于右脑模式，更擅长需要视觉性、创造性与直觉性的工作。

早上还是晚上？

如果你想保持最佳的状态，并且能在一天的任何时候起床，你会选择在什么时候爬出被窝呢？是在早上七点、八点、九点还是十点呢？与此相反，如果你可以自己定时间，并且不需要理会其他事情，你会选择在什么时候入睡呢？晚上十点、十二点还是深夜一点呢？你对这两个问题的回答有助于说明你是一位晨型人（早睡早起）还是夜猫子型人（晚睡晚起）。最近的研究还表明，你的回答能充分展现你的个性与思维方式。据对超过 350 人的问卷调查得出的结果，晨型人更愿意去接受具体的信息，不愿意进行抽象的思考，他们更依赖逻辑思维而不是直觉思维。他们一般都显得比较内向，自控力强，并且希望能给别人留下良好的印象。与此相反，夜猫子型人对人生有更富创造性的思考，更愿意承担风险，更独立叛逆，做事比较冲动。■

第六章　压力

著名精神分析学家西格蒙德·弗洛伊德认为，心智是由本我、自我与超我三个部分构成的。"本我"就是你心智里兽性的一面，会受到本能的驱动与控制；"超我"则代表着更具道德性的一面；而"自我"则时刻想着在"本我"与"超我"这两种对立的力量中做出裁决。绝大多数时候，这三个部分都会和谐共处，让我们的心智处于健康正常的状态。但是，在某些时候，则会出现严重的分歧，通常会在性或是暴力等领域表现出来。

为了充分了解弗洛伊德的思想，可以试想将一位欲火中烧的青年（这代表着"本我"）、一位牧师（"超我"）与一位会计师（"自我"）关在一个房间，并在房间里留下一本黄色杂志。青年代表你兽性的那一面，会迫不及待地想抢走那本黄色杂志，与此同时，牧师会试图将这本不道德的杂志撕碎。面对冲突，那位会计师力图让双方妥协。最后，三方都会冷静下来，坐下来商讨，决定假装这本黄色杂志压根不存在。这样的话，这位青年就不会想着翻看那充满淫秽画面的杂志，牧师也不用说教。大家都对这种聪明的妥协感到开心，他们三人将杂志藏在地毯下面，努力忘记它的存在。遗憾的是，说得容易，做起来难。几天后，这位青年就会再次产生要偷看黄色杂志的念头，但是每当他准备掀开地毯时，牧师就会想办法制止。最终，双方的紧张关系不断累积，大家都变得越来越焦虑。

根据弗洛伊德的说法，我们的内心经常会陷入"青年"与"牧师"之间的冲突，其中一方竭力争取我们想要的，而另一方则竭力表达我们所应该做的。那位青年想要婚外情，但牧师则指出遵守婚姻誓约的重要性。青年要去狠揍那位冒犯过他的人，但牧师则希望他能够宽恕别人。青年想进行一些不正当的商业交易，但牧师却强调要做一名遵纪守法的好公民。绝大多数的时候，我们都会假装这些问题不存在，试图将它们掩埋在潜意识的世界里。但是，就像把黄色杂志藏在地毯下一样，持续的压力会渐渐累积起来，最终让我们感到沮丧、不安与愤怒。

很多心理学家都表示，最好的解决办法是以一种安全且社会能接受的方式去释放被压抑的情感。在你内心的"青年"想要踢门之前，你可以大声咆哮、尖叫或是跺脚，做任何你认为能让这位"青年"冷静下来的事。这种疏导愤怒的宣泄方式，已被世人广泛接受——但是弗洛伊德的说法是正确的吗？

多年来，心理学家已经研究了将人置身于压力当中，然后鼓励他们通过咆哮与尖叫的方式进行发泄所取得的效果。

几年前，爱荷华州立大学的心理学家布拉德·布西曼进行了一项实验，他让 600 名学生就堕胎问题写一篇文章，表达自己的观点。在这些学生完成论文之后，研究人员将其收上来，然后宣称要让某位学生去评分。事实上，是实验人员对这些文章打了很低的分数，并在文后附上一句话："这是我读过最差的文章！"不出所料，学生们对得分与评价十分不满，并对虚构出来的评分者感到愤怒。

接着，一些学生得到机会去发泄他们的愤怒情绪。研究人员给了他们一副拳击手套，并展示那位虚构出来的评分学生的照片，告诉他们一边想着那位评分者，一边要在沙袋上击打 70 下。虽然学生在击打沙袋发泄内心不满时，研究人员并未在旁边观看，但内部通信系统让研究人员能暗地里计算这些学生击打沙袋的次数。与此相反，另一组的学生并没有得到拳击手套与沙袋，而是被要求在一间安静的房间里坐两分钟。

之后，所有的学生都完成了一份标准的情绪问卷，问卷的主要目的就是衡量他们愤怒、不安或沮丧的程度。最后，研究人员让学生们两人一组进行游戏，游戏胜利的一方可以对着失败一方的脸大喊大叫。胜利者可以决定每一次大喊大叫的时间与音量，然后通过电脑记录下来。

那些击打沙袋的学生是否要比那些安静坐在房间里的学生怒气更少呢？

结果显示，那些戴上手套，使尽全力击打沙袋的学生在事后反而更具攻击性，并且在与其他学生进行游戏的时候，吼叫的时间更久，声音也更响亮。实际上，两组学生在最后的情绪与喊叫行为上都出现了巨大的差异，这样的行为模式已被反复证实。发泄愤怒并不能浇熄怒火。事实上，正如布拉德·布西曼在他的研究论文里所说的，发泄愤怒无异于火上浇油。

如果说击打沙袋或是吼叫都无助于平息内心的压力与沮丧，那什么方法才是可行的呢？我们该怎样做才能创造出轻松愉悦的生活态度呢？参加冗长的愤怒管理课程或是进行数小时的沉思，能否解决问题呢？事实上，有一些简单快速的办法可供选择，这包括：找寻好处，什么事都不做，以及充分发挥"四条腿"朋友的积极能量。

找寻好处

每个人都会在人生的某个阶段遭遇负面的事情。也许，你会染上某种疾病，要面对一段恋情的终结，发现你伴侣的不忠，或是忍受某位亲密朋友所传播的给你造成伤害的八卦流言。这些事情通常都会让人们感到不安、焦虑或是压抑。人们经常反思过去，希望一切能够重来。如果有人要对所遭受的痛苦负责，他们就会生出报复心。通常来说，这样的遭遇会让我们产生愤怒、痛苦与攻击性的心理。若在此时递给他们一副拳击手套与一个沙袋，可能会让他们感觉更糟而不是更好。既然这样，处理这类情感最好的方法是什么呢？

一种办法就是去找找乐子。你可以看一部有趣的电影，参加一场聚会，与小狗一起玩耍，或是猜一个艰深的字谜。与此同时，你还可以通过运动、创造一个艺术项目或是与朋友或家人共度一个晚上，来分散自己的注意力。虽然这些行为能够帮你减轻一些小挫折所带来的烦恼，但却无法对一些长期挫败提供有效的解决方案。好消息是，要解决这些难题，并不需要你长时间与心理咨询师合作，或是耗费数小时去与身边的人长谈。这种方法其实只需花费几分钟，而且这样的办法已经在那些于大火中失去财产、遭受丧亲之痛、得了心脏病、成为自然灾难的受害者的人身上取得了效果。这种方法就叫"找寻好处"。

迈阿密大学的心理学家迈克尔·麦卡洛与他的同事进行的一场实验，就很好地阐述了这一方法。他们让超过 300 名学生选择一件某人曾伤害或冒犯过他们的事情。从行为不忠到侮辱性的话语，从被拒绝到被抛弃，这些学生都说出了曾让他们感到痛苦的经历。

研究人员要求三分之一的学生花几分钟详细描述这些事情，专注于他们当时所感受到的愤怒情感以及这些体验对他们的人生所产生的负面影响。第二组的学生则需要回忆从这次体验中得到的好处，比如痛苦如何让他们变得更坚强。最后一组学生只需要描述他们对接下来日子的计划。

研究结束时，每位学生都要完成一份问卷，旨在衡量他们对那些曾带给他们烦恼与痛苦的人的想法与感觉。研究结果显示，只需要花几分钟专注于看似受伤的经历所带来的好处，就能让我们更好地解决愤怒与不安。他们会尝试原谅曾经伤害过自己的人，不大愿意去寻求报复或是尽量避免做出这样的行为。

从负面的人生遭遇里找寻好处，这看上去可能只是我们的痴心妄想，但一些研究证据表明，这种做法带来的好处是真实的。比方说，在美国遭受"9·11"恐怖袭击后，某些积极的品格特征，比如感恩、希望、友善、领袖能力以及团队合作，在美国人身上都得到了增强。除此之外，其他的研究表明，在身体出现严重疾病的时候，会让当事人表现得更加勇敢、好奇、正直、幽默以及对美感有更强的鉴赏力。

要做好愤怒管理，戴上拳击手套或是击打沙袋，很可能会增强你的攻击性。相反，从一些负面事情中找寻好处，反而会大大削减你的怒气。■

用行动转化"能量"
如何从痛苦中获益

当你遭遇一件可能让你感到愤怒的事情时，可以尝试下面的方法缓解痛苦，帮助你更好地前进。

你可以抽出几分钟思考给你造成伤害的事情的积极一面。比方说，你可以照着下面这样做，从而帮助你……

- 变得更强大，意识到之前从未察觉到的自身所具有的能量。
- 比之前更珍惜现在的生活。
- 变成一个更有智慧的人。
- 有勇气开始一段感情或是结束糟糕的婚姻。
- 在恋爱关系中更善于沟通。
- 变得更自信。
- 变得更具怜悯心或宽容。
- 与之前伤害过自己的人修复关系。

写下你从这些经历中得到的好处，以及你的人生如何变得更美好。千万不要有所保留，要尽可能地坦诚。■

【心理学链接：舒缓压力的四种方法】

当你感觉到危险时，无论是准备逃跑或是勇敢面对，你的身体都会做好行动的准备。遗憾的是，当下生活会时刻触发这一身体机制，给我们带来持续的压力。无论是找不到停车位或是与孩子发生争吵，绝大多数人都会按下"对抗或逃跑"机制的按键。虽然适度压力可以帮助一些人专注于手头的工作，但是持续的压力可能会让他们付出代价，造成血压飙升、精力无法集中、超重以及身体免疫系统削弱等后果。而下面这些简单迅速的方法，可以让你的情绪保持一个平稳的状态。

通过为别人祈祷来帮助自己

密歇根大学的心理学家尼尔·克劳斯进行的一项实验表明，为他人祈祷有助于你的健康。在对超过一千人就他们的祈祷内容、财务状况以及健康状况进行调查之后，克劳斯发现，为他人进行祈祷，有助于减轻当事人感受到的经济与人际关系压力，同时还能提升他们的健康状况。有趣的是，当我们祈祷得到物质犒赏，比如一辆新车或是一栋更好的房子的时候，却得不到这样的好处。

聆听古典音乐

圣地亚哥加州大学的心理学家斯凯·查芬及其同事进行了一项实验，研究音乐能否大大降低人们在遭遇压力之后的血压。他们让参与者从 2397 这个数字开始，按照每次递减 13 的方式数数（比如，2397，2384……）。为了让参与者更焦虑，研究人员每隔 30 秒就过去用一些消极的话语骚扰他们（比如"快点，来不及了！"），催促他们加速。之后，一些参与者被留下来静坐，另一些参与者则聆听一些古典音乐（巴哈贝尔的《卡农》与维瓦尔第的《四季：春》）、爵士音乐（包括迈尔斯·戴维斯的《弗拉门戈素描》）或是流行音乐（萨拉·麦克拉克伦的《天使》与戴夫·马修斯乐队的《坠入爱河》）。血压计的指针显示，聆听流行音乐与爵士乐与完全处于安静状态的效果是一样的。与此相反，那些聆听巴哈贝尔与维瓦尔第古典音乐的人会在更短时间内感到放松，他们的血压也会更快恢复到正常水平。

日光浴

弗吉尼亚精神病学与行为遗传学研究所的马修·凯勒与其同

事进行了一项研究，测试阳光与人们的情绪之间的关系。研究团队发现，在温度和气压都比较高的天气里，只要在户外活动半小时，参与者心情会非常舒畅，记忆力也更好。如果晒太阳的时间少于 30 分钟，他们的情绪反而比之前更低落。也许，正如研究者所观察到的，在阳光灿烂的时候，人们厌恶被禁锢在屋子里。

触摸你内心的小丑

你笑，全世界都与你同笑；你哭，只会增加罹患心脏病的概率。这是对幽默与压力间关系进行研究得出的结论。那些用幽默面对压力的人，一般都拥有健康的身体免疫力，并且患心脏病与中风的几率要比一般人低 40%，在接受牙医就诊的时候会感到更少的痛苦，并且寿命比一般人长 4.5 年。2005 年，马里兰大学的心理学家迈克尔·米勒与同事进行了一项研究，结果表明电影里一些画面可能会让观影者感到不安（比如电影《拯救大兵瑞恩》的前30 分钟），或是让他们开怀大笑（比如电影《当哈利遇上莎莉》里"性高潮"的场景）。在参与者观看了一些让人焦虑的电影后，血压升高了 35%，在看到一些搞笑电影后，血压降低了 22%。据此，研究人员建议人们每天至少要笑 15 分钟。■

利用狗对思想的积极影响

狗能在多个方面让你感觉良好。科学家已经进行了多次研究，以探寻能从这些"四条腿"的朋友那里得到什么好处。

最为著名的是马里兰大学的心理学家埃丽卡·弗里德曼与其同事一起进行的实验。他们探寻了养狗与心血管功能之间的关系。在调查了心脏病患者的康复率后，弗里德曼发现，那些养狗的病人存活率是没养狗的九倍之多。这个惊人的发现，鼓励科学家去探寻养狗对人们所具有的各种好处。研究结果显示，养狗的人能够更好地应对日常的生活压力，过上更轻松的生活，拥有更高的自尊心，并且患上抑郁症的概率更低。

养狗带来的好处绝不应该被低估。一项研究就请养狗之人执行两件压力巨大的任务（从一个四位数开始，按照每次递减三的方式倒数，同时还要手提一桶冰水），面对着他们的宠物狗或是配偶。相较面对他们的配偶，参与者在面对小狗时，心跳速度要更慢一些，血压也更低，同时在计算数字时犯的错误更少。如果还需要什么科学层面上的证据，那就是你的狗要比你的丈夫或妻子更有助于你的健康。

有趣的是，相同的结论并不能推广到猫身上。一些研究表明，养猫可能有助于缓解人的消极情绪，但不大可能让你感觉特别良好。其他的研究表明，养猫的人在心脏病发作后的一年里，死亡率要比不养猫的人更高。

这些研究看上去令人信服，但还有一个漏洞。虽然养狗的人一般会拥有更为放松的生活态度，并且拥有更健康的心血管系统，但并不意味着养狗是带来这些好处的原因。那些养狗的人可能本身具有某种个性，正是他们本来的个性使他们更长寿与更放松。

为了查明真相，位于水牛城的纽约州立大学的心理学家凯伦·艾伦进行了一项研究。她请来华尔街一些患有高血压的股票经纪人，然后随机地将他们分为两组，让其中一组人每人养一只狗。在接下来半年里，研究人员会对两个小组的参与者进行血压方面的检查。研究结果显示，那些养狗的股票经纪人要比另一组更放松。事实上，在缓解心理压力方面，养狗带来的作用要比降压药更有效。更重要的是，当时这些经纪人都是随机分组的，因此这与他们的个性没有任何关系。养狗的参与者除了感觉压力减缓之外，还与他们养的狗建立起了情感的纽带。在实验结束时，这些养狗的经纪人不愿意将他们新找到的"朋友"交还给实验人员。

许多心理学家提出不少理论，用来解释养狗的好处。这可能是因为你每天遛狗的行为与你的身心健康存在着联系。其他的研究人员则表示，狗其实扮演着"不评判"的朋友的角色，能耐心聆听你内心深处的想法，绝不会泄密。若是从这个角度看，你的狗就像一位忠诚的心理治疗师，虽然它有着长耳朵、湿鼻子，但它是免费的。另一种理论则认为，只是单纯触摸或是轻抚一只狗，都有镇静的作用（研究结果表明，即便是护士轻轻握住病人的手，都能大幅减缓病人的心跳）。

然而，绝大多数的研究人员都认识到，养狗对人最大的好处就是其社会效益。当你抽出些时间到公园走走，观察遛狗的人，你很快就会看到狗是如何让陌生人之间相互寒暄的（"啊，这只狗狗很可爱啊……它是什么品种的？""多可爱的一只狗啊——它多大啦？""看看我刚才踩到了什么……是它拉的吗？"）。很多研究结果都表明，花时间与别人进行交流，这是我们感到幸福与健康的重要来源，而狗在帮助人们打开话匣子、提升交流方面的能力是天然且高效的，因此这对养狗人的身心健康有极大的帮助。

虽然狗在让人们进行对话时起到了积极的推动作用，但是养什么类型的狗才最有利于社交呢？

为了研究这个问题，贝尔法斯特女王大学的心理学家黛博拉·威尔斯安排了一位研究人员利用午餐的几个小时，在一条有很多人遛狗的路上来回走动。在研究人员见到了从对面走过来的 300 人之后，就算完成了实验。另一位研究人员则紧随其后，暗地里计算每位路人看研究人员、露出微笑或是停下来交谈的次数。在接下来进行的三次实验里，研究人员分别带上了一条拉布拉多幼犬、一条成年的拉布拉多犬或是一条成年的罗特维尔犬。作为控制实验，在另外三天里，研究人员独自走路，手里只是抱着 20 英寸长的棕色泰迪熊（这只泰迪熊玩偶有一双大大的棕色眼睛、短小的四肢与一个高高的凸前额，就是为了引人注意）或是一盆丝兰。

最后，一共有 1800 名路人走过，进行了 211 次对话。研究结果显示，抱着泰迪熊玩偶与植物能吸引很多人的目光，但无法让他们露出微笑，并且几乎无法形成交谈。与此相反，小狗能吸引更多路人的关注，让他们露出微笑，并且停下来交谈。罗特维尔犬引发的谈话率是比较低的，这可能是因为人们认为这种犬具有较强的攻击性，因此宁愿选择沉默。与此相反，当研究人员带着年幼或是成年的拉布拉多犬时，大约有十分之一的路人停下来与研究人员进行交流。

不只这次研究支持了人们喜欢与那些养动物的人进行交流的观点。之前的研究工作也显示，当一位女性研究人员坐在公园板凳上，身边有一只宠物兔或是乌龟时，要比她独自坐在那里吹泡泡更能吸引旁人的目光。■

用行动转化"能量"
收获与狗为伴的好处

　　这次研究结果传递出两个关键信息。首先，养狗有助于人们缓解日常生活中的压力与烦恼，部分原因是因为养狗能促进社交。其次，要想最大化地提升与别人交谈的几率，你可以选择一条拉布拉多犬，而不要选择罗特维尔犬，不要抱着泰迪熊玩偶、植物，不要独自坐在一旁吹泡泡。

　　但是，如果你的生活方式让你无法抽出时间养狗，你还可通过选择下面两样东西去获得与养狗一样多的好处。

电子狗

　　你可以考虑购买一只机器狗。圣·路易斯大学医学院的心理学家玛丽安·班克斯与她的同事研究了机器狗与真狗对长期生活在护理院的病人的影响。研究团队将一只真狗与一只索尼公司研制的机器狗放在每个护理院里，每个病人每周可以有 30 分钟时间与"狗"相处。在长达八周的时间里，病人们对机器狗与真狗都表现出了同样的情感依赖，两者都能缓解病人们的孤独感。

调到动物频道

　　黛博拉·威尔斯在一项富有创新性的研究里，考察了看动物视频是否有同样的镇静与身心恢复的效果。她制作了三条短片，分别是：十条小鱼在一个放着水草的鱼缸里游动；十只长尾鹦鹉放在一个大鸟笼里；十只猴子坐在树上。在参与者观看视频前后，威尔斯测量了他们的血压。作为对照，威尔斯安排了另一组参与者观看一出著名的肥皂剧，还有一组则是看着空白的电视屏幕。研究得出了两个重要的发现。首先，从心理层面而言，观看肥皂剧起到的作用几乎与观看空白的电视屏幕是一样的。其次，与两个实验对照组相比，三个关于动物视频的片段能让参与者感到更放松。为了降低你的血压，你可以在网上观看有关可爱动物的视频。■

什么事都不做，也是降血压的好方法

几年前，我为一个电视节目做了一项关于喝酒方面的心理学的实验。内容是让一组学生在晚上与他们的朋友在酒吧里喝酒。我们很容易说服别人参与进来，因为酒水都是免费的。唯一的缺点就是，在晚上喝酒的过程中，这些参与实验的学生需要进行几次简短的测验。在晚上的实验里，所有的学生都如约到来，进行了第一次测验。每一位学生都需要看着一连串的数字，并尽可能地记住它们，然后沿着地板上画出的一条线前进，接着研究人员就会将夹在食指与大拇指中间的尺子掉下，然后要求学生在看到的时候及时抓住。

在完成初期的测验之后，我们很快进入这晚最让人愉悦的部分——喝酒。每位学生都随机地被分在了蓝组与红组，佩戴着各自的袖章。然后，研究人员告诉他们可以自由地享用酒水。但是，其中有一条规则——每位学生都必须要自己去吧台点酒喝，不能叫酒给朋友喝。整个晚上，我们不停打断他们之间的对话，拉一些学生出来，让他们像之前那样进行记忆、平衡与反应时间等方面的测验。

当流经他们血管里的酒精越来越多时，这些学生说话的音量就变得越来越大，感觉自己越来越开心，行为也变得更轻浮了一些。测验结果客观地反映了他们的变化。在晚上结束的时候，绝大多数学生在回想一个个位数时都觉得很吃力，并且无法沿着地板上画出的直线走路，在尺子掉在地上过了一分钟之后，他们才能捡起来。好吧，为了达到某种喜剧的效果，我说得有点夸张，但你们都能明白其中的意思。到目前为止，最有趣的结果是，那些佩戴红蓝色袖章的人在得分方面相差无几，因为这两组的学生都被研究人员欺骗了。

这两组学生在喝酒之后，记忆力似乎受到了损伤，他们觉得自己无法在一条直线上走路，无法保证尺子不从他们的手指间滑落。

事实上，他们整晚根本没喝一滴酒。在实验开始时，我们已经暗地里将酒吧里一半的酒水换成了不含酒精的饮料，但让这些饮料在味道与外观上与真正的酒相似。酒吧的员工要严格遵照研究人员的指示，在上酒之前要观察每位学生佩戴的袖章，只为那些佩戴红色袖章的学生上真正的酒水，而给那些佩戴蓝色袖章的学生上不含酒精的饮料。虽然佩戴蓝色袖章的学生整个晚上滴酒未沾，却足以产生与酗酒一样的效果。他们是在假装做出这样的反应吗？不是的。相反，他们深信自己已经喝了很多酒，继而说服了他们的大脑与身体，让他们做出了与"喝醉"后一样的行为。在那晚实验结束的时候，我们向蓝组的学生说明了其中的"缘由"，他们放声大笑，立即清醒起来，整个酒吧都充满着愉悦欢快的气氛。

这一简单的实验证明了"心理暗示"所起的作用。我们的参与者认为自己喝醉了，于是做出与自身想法一样的行为。在医学实验里，同样的情况也会出现。当人们接触了假的毒葛后，结果真的长出了皮疹；那些喝了不含咖啡因咖啡的人也变得兴奋；进行了一场虚假膝盖手术的病人在术后表示，他们已"痊愈"的肌腱不像之前那样疼痛了。事实上，实验表明，将真正的药物与糖丸的功效做比较，有 60% 至 90% 的药效在某种程度上取决于"心理暗示"的作用。

　　运动是降低血压的有效方法，但这在多大程度上源自"心理暗示"的作用呢？哈佛大学的心理学家艾丽娅·克鲁姆与艾伦·朗格在一场具有开创性的实验里，从七家酒店里招募了超过 80 名服务员。他们知道，这些服务员之前都是经常进行体力锻炼的，平均每天要清洁与打扫 15 个房间，每个房间需耗时 25 分钟左右。除此之外，这些服务员经常要做诸如举重、搬运行李或爬楼梯等行为，这样的锻炼让那些健身积极分子都眼红。然而，克鲁姆与朗格认为，虽然这些服务员每天运动量巨大，但他们自己并没有意识到。研究人员想要知道，如果告知这些服务员他们的工作对体形塑造所具有的好处，会对他们产生什么影响呢？他们会相信自己就是一个身形健美的人吗？这样的想法能使他们的体重与血压产生重要的改变吗？

　　研究团队随机地将每家酒店的服务员分为两个小组。一组被告知他们平时工作进行的运动所具有的好处，以及每天所消耗的卡路里数。这些服务员被告知 10 分钟的换床单行为会消耗 40 卡路里，而花同等的时间用吸尘机清扫地板会消耗 50 卡路里，若是花 15 分钟清洁浴室，会消耗超过 60 卡路里。研究人员递给这一组服务员一个讲述这些重要事实与数字的报告，同时还将相同信息的公告牌贴在员工休息室。而分在实验对照组的服务员同样被告知运动的一些好处，但没告诉他们工作中所消耗的具体卡路里数值。然后，每位服务员都要完成一份有关他们在工作之外运动、饮食、喝酒以及抽烟习惯等方面的问卷调查。与此同时，这些服务员还进行了一系列的健康测验。

一个月后，研究人员回来复查结果。酒店经理向研究人员证实，两组的服务员所从事的工作负荷都没有什么变化。接着，研究人员要求每位服务员像之前那样完成调查问卷与健康检查，然后对到手的数据进行分析。

两个组的服务员在工作之外都没有进行额外的锻炼，也都没改变饮食、抽烟或喝酒的习惯。因此，他们在生活方式上可以说并没有发生任何大的改变，并不存在哪一组的成员的生活方式变得比另一组更健康的状况。

研究人员将他们的注意力集中在健康测验里。让人惊奇的是，那些之前被告知他们每天消耗了多少卡路里数值的服务员的体重减轻了许多，体重指数与腰臀比指数都降低了，并且他们的血压也有所下降。而在实验对照组的服务员则没有出现类似的积极改变。

是什么导致了这样的差异呢？克鲁姆与朗格认为，这是"心理暗示"的效用。当服务员在日常工作中时刻提醒自己进行了多少锻炼，消耗了多少卡路里，服务员改变了对健康的看法，进而让这些信念变成现实。看来，这与那些认为自己喝了酒而变得说话含混不清，或是认为自己真的生病而长出皮疹的人是一样的。因此，我们只需思考运动有益于健康，就能让自己变得更加健康。

无论人们对这种神秘的效应有什么样的解释，对于提升你的健康而言，你可能已经在做一些必要的努力了，现在只需要意识到这一点而已。■

用行动转化"能量"
信心很重要

　　克鲁姆与朗格的研究是具有争议性的，如果这个实验真的站得住脚，就说明若你意识到自己每天从事的工作消耗了多少卡路里，对你的健康就是有好处的。下面这个图表给出了一个平均体重的人在进行各种活动时所消耗的能量。你可以参照图表计算自己每天所消耗的卡路里。

　　随身携带这张表，提醒自己日常生活中所进行的一些"无形"锻炼，然后根据"心理暗示"的理论，你可以单凭思考，而不需要做任何事，就能降低自己的压力水准。

活动	A 每分钟消耗的卡路里	B 你每周会进行这项活动吗？	C 如果做了，每周会花多少分钟？	D 一共消耗的卡路里数（A×C）
正常走路	3			
碎步走路	6			
骑自行车	5			
轻家务劳动	4			
熨衣服	3			
洗碗	3			
除草	5.5			
洗车	5.5			
擦地板	5.5			

活动	A 每分钟消耗的卡路里	B 你每周会进行这项活动吗?	C 如果做了，每周会花多少分钟?	D 一共消耗的卡路里数（A×C）
修剪花草	5			
读书	1.5			
购物	3			
坐在桌子前	1.5			
看电视	1.5			
性爱	2			
开车	1.2			
睡觉	1			
打电话	1			
吃东西	0.5			
洗澡	5			
站立	1.5			
上下楼梯	8			
与孩子玩耍	4			
				总分

第七章 动机

Chapter 7

在过去 40 多年里，很多书籍、音像制品与培训课程的核心内容，旨在帮助人们摆脱即时满足带来的危害，从而实现长远的目标。从心灵的视觉化到自我肯定，从专注于工作到顺应时势，你都需要付费并做出自己的选择。不过，一些科学研究表明，很多这样的方法根本不奏效。比方说，我在本书一开始所谈到的视觉化方法就是如此。你可能还记得，你需要闭上眼睛，想象一个全新的你——穿上紧身牛仔裤是多么完美，在公司总裁办公室舒适的长沙发上小憩，或是在加勒比海温暖的沙滩上惬意地喝着朗姆酒。这种类型的视觉化训练多年来一直都被自我激励行业所倡导，他们宣称这些方法能帮助人们减肥、戒烟、找到更完美的人生伴侣、享受事业成功带来的各种喜悦。遗憾的是，很多研究表明，虽然这样的训练方法可能会让你感觉良好，但收效甚微。

加州大学的心理学家利恩·范与雪莱·泰勒就进行过一项研究。一组学生被要求每天抽出些时间，想象他们在一场即将到来的期中考试中取得好成绩。他们需要在内心形成一幅清晰的画面，想象取得好成绩给他们带来的美好感受。研究人员同时还设置了一组实验对照组，该组学生只是像平常那样学习生活，并没有对期中考试进行视觉化想象。研究人员询问了两组学生他们每天花在学习上的时间，然后观察他们期中考试的成绩。虽然第一组学生每天做"白日梦"的时间很短，但却对他们的行为产生了重要的影响：他们花在学习上的时间减少了，考试分数也更低。这种心灵视觉化的训练可能让他们的自我感觉良好，但并没有帮助他们实现目标。

在另一场实验里，宾夕法尼亚州立大学的心理学家加布里尔·奥埃廷根与托马斯·瓦登追踪了一组参加减肥项目的肥胖女性。在这个过程中，研究人员要求这些女性想象她们在面对各种食物时的情景，比如到朋友家拜访，感受到了要吃掉一个可口比萨饼的诱惑。她们做出的每一种反馈都会按照正面（比方某人说："我要成为一个好人，远离蛋糕与冰淇淋。"）到负面（"管不了那么多，我不仅要吃掉自己那份，还要吃掉别人的那一份。"）的程度进行打分。在对这些女性进行长达一年的追踪之后，研究结果显示，那些对自己抱有积极念头的女性在体重方面，比那些抱有消极念头的女性少减了 26 磅。

奥埃廷根的研究结果还显示出，同样的效果会在很多不同的情境里出现。在另一场研究里，她与一组承认自己正在暗恋某位同学的学生们进行合作。她要求这些学生想象各种不同的场景，比如早早来到教室，坐在座位上，然后看到教室门被人打开，进来的正是自己暗恋的对象。然后，这些学生需要对自己的想象进行打分。这些想象情景可以非常正面，让即便是最热衷于言情小说的读者都感到害羞（比如"我们的视线突然交错，彼此内心都知道，这就是一见钟情。"），也可以是相对负面的（比如"我们都是单身，但彼此毫无火花，我撒谎说自己已有男朋友。"）。五个月后，研究结果显示，那些抱有积极念头的学生更不愿意告诉他们的暗恋对象自己内心的感受，也不愿意主动去与所暗恋的人成为恋人。

相同的效应也出现于事业中。奥埃廷根询问她的高年级学生——他们是否经常幻想大学毕业后得到梦寐以求的工作。接下来一个为期两年的追踪调查显示，相较没有进行这种想象的学生，那些表示自己经常幻想取得事业成功的学生投出的简历更少，得到的工作录取通知书更少，收入也更低。

为什么想象自己实现目标会产生如此不良的影响呢？研究人员猜想，那些想象自己过上美妙人生的人通常都没有为通往成功道路上的各种挫折做好准备，因此他们不愿意付出更多的努力去实现目标。不管具体是哪一种原因，研究传递出来的信息是清晰的：想象你置身于一个完美的世界的确会让你感觉良好，却不大可能帮助你将梦想变成现实。

制订完美的计划

想象一下你想实现一个重要的目标或梦想，也许是减肥、获得一份全新的工作，为一次考试或是关键的面试做准备，你会用什么方法呢？

你可以阅读下面这些话，然后决定是否愿意使用其中所描述的方法。不要花太长的时间去思考，尽可能给出诚实的回答。

当我想改变人生的某个重要方面，倾向于……当你对下面的 1、3、5、7、9 这五句话的观点表示认同时，分别给自己加上一分，当你对 2、4、6、8、10 五句话持否定意见时，分别给自己减掉一分。然后将得分加总，看看结果怎样。

	认同	否定
1. 制订一个分步骤的计划。	☐	☐
2. 鞭策自己关注某个崇拜的人，从而努力实现更多目标。	☐	☐
3. 将我的目标告诉别人。	☐	☐
4. 想象一下，如果无法实现目标，会有什么糟糕的结果。	☐	☐
5. 想象一下，如果实现了目标，会有什么好事发生。	☐	☐
6. 努力压制负面思想（比如，避免考虑吃不健康的食物或是抽烟）。	☐	☐
7. 为不断实现目标而奖励自己。	☐	☐
8. 依赖自身的意志力。	☐	☐
9. 用日记记录自己的进步。	☐	☐
10. 想象一下，当自己实现了目标，人生变得多么美好。	☐	☐

几年前，我就动机心理学进行了两场大规模的科学研究。这些研究涉及追踪来自世界各地超过五千名的参与者，他们怀抱着许多目标，这些目标包括减肥、获得新的证书、开始一段新恋情、戒烟、投入一项新事业、成为一个更有环保意识的人。我们对一个小组追踪了半年，对另一个小组追踪了一年。在研究开始的时候，绝大多数参与者都相信自己能实现最初设定的目标。研究到期之后，参与者要描述自己用了什么方法去实现目标，并要评估目标的实现程度。只有大约 10% 的参与者表示他们成功地实现了目标。上面的问卷所包含的十种方法都是参与者最常使用的。一些方法听起来符合常识，其他一些方法则多出现于自我激励的书籍或培训课程里，虽然它们看上去可信，不过按照研究数据，只有一半能增加成功率，另一半是无效的。那么问题来了，哪些方法是有效的呢？

在我们的实验里，那些认同偶数论述的参与者不大可能实现他们的目标。比方说，那些以名人为榜样的参与者也许会将辛迪·克劳馥或是比尔·盖茨的画像放在冰箱门上，但是结果往往与期望相背离。与此类似地，那些依赖意志力的参与者会利用思想去压制冰淇淋蛋糕与巧克力圣代等诱惑画面，专注于设想如果他们无法实现目标会出现哪些坏事。所有这些方法都与各种所谓的动机激励"神话"形成鲜明对比，让人们无法掌控自己的人生。

当我们研究那些认同奇数论述方法的参与者，则看到了截然不同的结果。这五种方法能大大增强这些人实现目标的可能性。让我们逐一审视这些方法。

首先，在我们的研究里，那些成功的参与者都会制订一个计划。作家金格拉就曾睿智地说，人们到处闲逛的时候，不可能突然发现自己最后逛到了珠穆朗玛峰峰顶。与此类似，那些缺乏人生目标的人，也不大可能突然开始一项全新的事业或是减掉身上的赘肉。成功人士会将他们的总目标切分为一系列的子目标，然后制订一个分步骤计划，帮助他们在面对人生重大变革时消除随之而来的恐惧与犹豫不决。当这些子目标是具体、可衡量而且有时间限定的时候，计划就特别有效。虽然成功与不成功的参与者都表示，他们的目标就是找到一份全新的工作，但是成功的参与者会迅速着手，在接下来的时间里，花一周时间用于修改简历，花一周时间进行申请工作，一步步向前推进。

其次，成功的参与者更愿意将自己的计划告诉朋友、家人与同事。虽然保守自己的目标有助于缓解失败带来的恐惧感，但这同样会让你害怕改变，重新回到之前的老套路上来。心理学家研究发现，与别人分享自己目标的人，更愿意坚持订下的目标与承诺。在一次经典的实验里，研究人员要求学生对便笺里一些画线的句子进行思考，然后公开向大家说出自己的判断（他们需要在纸条上写出来，签下自己的名字，递给研究人员），或是将这些判断放在自己的心中。当参与者被告知他们的判断可能是错误的时，相较那些没有公开表达想法的学生，那些公开表达观点的学生更愿意坚持自己的观点。其他的研究结果也显示，当我们进行公开承诺的场合越庄重，那么当事人去实现目标的动力就越大。将你的目标告诉别人，之所以能帮助你实现目标，部分原因是朋友与家人通常会在你遭遇困境时，给你提供支持与帮助。在普利茅斯大学的心理学家西蒙内·舒纳尔进行的研究里，参与者被带到了一座山下，然后对山的坡度进行评估，看其攀爬的困难程度。当有一位朋友相伴时，他们对山体坡度的评估相较独自面对时要低15%。研究还发现，即便是当他们看着一座山，内心想着一位朋友时，也会让这座山变得更容易攀登。

第三，那些最终做出决定并持续努力改变的人，经常都倾向于提醒自己在实现目标过程中所得到的好处。这并不是想象最完美自我的情形，而是对他们一旦实现了目标，生活将会变得更好的一个客观检验。与此相反，那些不成功的参与者更专注于无法做出改变而不得不忍受的消极方面的影响。比方说，当被问到获得一份全新工作所带来的好处时，成功的参与者可能首先会想到更高的薪水，而不成功的参与者则会想象这份工作会让他们困在其中。而在减肥问题上，成功的参与者可能会说，当他们减肥成功之后，穿上修身的衣服会显得很好看，而不成功的参与者可能会说，若是减肥不成功，就意味着他们会陷入持续的沮丧。前一种方法鼓励参与者对一个更正面的未来抱有希望，后一种方法则会让参与者专注于负面的事情或体验，从而失去继续努力的动力。

第四，这也关系到奖赏的问题。作为计划的一部分，成功的参与者会保证他们完成每一个子目标时，得到相应的奖赏。这些奖赏通常是比较小的，绝不会与最重要的目标存在矛盾（不会因为成功完成一周的健康饮食计划后，就奖赏自己吃很多巧克力）。但是，这样的奖赏能持续地给我们带来前进的动力，获得内在的成就感。

最后，成功的参与者还倾向于将他们的计划、进步、好处、奖赏变得尽可能具体，用文字表达出来。很多人都会有一个手写日记本，或用印象笔记之类的手机软件记录下来，一些人甚至会将这些话用便笺贴在冰箱门或是家里的记事板上。无论哪一种方式，这种书写、保存或是画图的方式，都能大幅提升你实现目标的概率。

用行动转化 "能量" 一步步实现梦想

为了实现你的目标与梦想，四种关键的方法能助你取得成功：制订正确的计划，将你的计划告诉家人与朋友，专注于实现计划带来的好处，每完成一个步骤就给予自己一些奖赏。为了帮你更好地将这些方法融入生活，我制订了一个独一无二的激励日记，当你准备进行任何形式的改变时，都可以加以运用。

1. 你的总目标是什么？

我的总目标是……

2. 制订一个分步骤计划

将你的总体目标最多划分为五个小步骤。每个步骤都应与总目标紧密关联，而且是具体、可衡量、符合现实与有时间限制的。你要思考如何实现每个步骤以及在实现它们之后所得到的奖赏。这些奖赏可以是你喜欢的任何东西，也许是冰淇淋、一双新鞋，或是新衣服、最新的电子产品、一本书、出去吃一顿好的，或是去按摩。你需要写下下面的论述：

第一步

我的第一个子目标是……

我相信我能实现这个目标，因为……

为了实现这个子目标，我将……

这个目标将在下面这个时间点完成：

实现这个子目标后，我要奖励自己……

第二步

我的第二个子目标是……

我相信我能实现这个目标，因为……

为了实现这个子目标，我将……

这个目标将在下面这个时间点完成：

实现这个子目标后，我要奖励自己……

第三步

我的第三个子目标是……

我相信我能实现这个目标，因为……

为了实现这个子目标，我将……

这个目标将在下面这个时间点完成：

实现这个子目标后，我要奖励自己……

第四步

我的第四个子目标是……

我相信我能实现这个目标，因为……

为了实现这个子目标，我将……

这个目标将在下面这个时间点完成：

实现这个子目标后，我要奖励自己……

第五步

我的第五个子目标是……

我相信我能实现这个目标，因为……

为了实现这个子目标，我将……

这个目标将在下面这个时间点完成：

实现这个子目标后，我要奖励自己……

3. 实现你的总目标会带来什么好处？

列举三个重要的好处，专注于它们给你及身边的人带来多大的助益。

好处一：

好处二：

好处三：

4. 公开计划

你该将自己的目标或是子目标告诉谁呢？朋友、家人或是同事？你可以写在公众号上，或是写在记事板上，放在家里或办公室一些显眼的位置。■

【心理学链接：拖延症与蔡格尼克效应】

研究显示，大约 20% 的人承认自己有拖延症。这个数字可能低估了问题本身的严重性，因为它只是基于那些即时完成问卷调查的人得出来的。无论真实的数据如何，拖延症已成为我们的大敌，让我们无法按时偿还账单，无法在预定的期限内完成工作，无法为重要的考试或是面试做足准备。拖延是一种非常复杂的现象，对失败的恐惧、追求完美主义、缺乏自控力，都是拖延症的成因。

而好消息是，治愈拖延症并非没有好办法。

在 20 世纪 20 年代，一位来自俄罗斯的年轻心理学专业毕业生布鲁玛·蔡格尼克在维也纳的一间咖啡厅与自己的导师喝茶。因为他们的专业就是研究人性，所以他们留心观察侍者与客户间的行为，发现了一个有趣的现象。当一位顾客说要埋单时，侍者很容易就能说出客户之前点的餐食。但是，如果客户在埋单之后，隔了一会儿再询问他之前点了什么，侍者就要思考很久。看来，就侍者而言，顾客支付完账单就代表一种完结，侍者会将这位顾客点的东西从脑海里抹去。

蔡格尼克对此感到非常好奇，她回到实验室再次验证这一现象。她要求一些参与者做几项简单的任务（比如将木块堆积起来或是将玩具放在箱子里）。有时，她会在参与者尚未完成任务时叫他们先停下来。在实验结束的时候，她要求参与者描述他们所做过的任务。与她对侍者的观察结果一样，她发现尚未完成的任务会一直停留在人们的脑海里，因此也更容易让人记住。

根据蔡格尼克的发现，开展任何一项活动都会让你的心智体验某种精神上的焦虑。一旦这些活动完成之后，你的心智就会不自觉地松一口气，将之前做过的事情抛诸脑后。但是，如果你中途因为某些事情而中断，无法完成这项活动，内心的焦虑感就会一直缠绕着你，直到最终完成这项工作为止。

这项研究发现与拖延有何关系呢？拖延症患者经常无法按期完成领导交代的任务，因为他们觉得沉重的工作让他们喘不过气来。但是，如果别人说服他们，或是他们说服自己去开始这项工作，哪怕仅仅持续"几分钟"的时间，通常都觉得有必要尽快完成这项工作。研究结果显示，正是这"只做几分钟"的法则才是解决拖延的高效方法，能帮助人们完成绝大多数的任务。这也是蔡格尼克研究成果的最完美应用——一开始先做几分钟，会让你的大脑处于一种焦虑状态，这会让你在完成工作后才停下来休息。

双重思想

在本章的开篇，我就讲到了心理学家利恩·范与雪莱·泰勒进行的一项研究，该研究让一些学生想象他们在重要的考试里会取得好成绩，结果他们会花更少的时间去学习，考出来的分数也更低。第一组参与者忙于将自己视为优等生；第二组的学生每天要花一些时间对他们在何时何地以怎样的方式学习等想法进行心灵视觉化，想象整个复习的过程；第三组学生则作为实验对照组，像平常那样学习。相较实验对照组与那些将自己设想成优等生的小组，第二组想象自己如何学习的学生，会花更多时间复习，最终会取得更好的成绩。用研究人员的话来说，将学习的过程心灵视觉化，在减少与考试相关的焦虑情绪方面特别有效，能够帮助学生更好地制订学习计划，缓解他们的焦虑情绪。接下来的研究显示，同样的效应也会出现在其他不同的领域，比如网球选手与高尔夫选手对训练过程而非获胜的结果进行想象的话，会更有助于他们的发挥。

俄亥俄州立大学的心理学家丽莎·莉比进行了一次补充性研究，研究结果显示，涉及这种视觉化训练的"行为性承诺"，在想象别人观察你的情形时会更加有效。这次研究是在 2004 年美国总统大选的前一天进行的，研究人员要求一百名选民想象他们第二天前往投票站进行投票的情景。一组选民被告知要用第一人称视角进行视觉化训练（通过他们的双眼去看待这个世界），另一组选民则要从第三人称视角进行视觉化训练（以别人看待他们的角度去看待自己）。果然，在以第三人称视角进行视觉化训练的小组里，超过90%的选民想去投票，而以第一人称视角进行训练的小组里，只有70%的选民表示会去投票。虽然对这种现象的解释尚未明确，不过我们可以猜想，运用第三人称视角思考更耗费心力，进而影响了我们的行为。

其他研究人员也发现了具有"超级力量"的想象视觉化工具，将想象事情做好得到的现实利益的驱动性效应与思考实现目标所需的步骤结合起来。宾夕法尼亚州立大学的心理学家加布里尔·奥埃廷根进行了许多这样的实验，这涉及奥威尔式的"双重思想"。

在《1984》这本书里，乔治·奥威尔首次提出了"双重思想"的概念，即我们的大脑同时产生两种完全相反的思想，但却能兼容它们。在奥威尔这本小说里，集权主义政府经常使用这种方法持续地粉饰历史，从而更好地控制民众。奥埃廷根认为，最高效的心灵状态需要人们对实现目标持乐观的态度，同时又对面临的难题抱有现实主义的态度。为了验证这一观点，她采取了一种全新的方式去鼓励人们同时拥有两种想法，然后进行一系列的实验去评估其是否有效。

她采取的实验方法很简单。研究人员要求人们思考一些他们想实现的目标，比如减肥、掌握一门全新的技能或是改变自己的喝酒习惯。参与者要抽出时间，想象他们实现了自己的目标，同时想象实现了这些目标后所能收获的好处中的两种。在这之后，参与者再抽出一些时间，思考他们在实现目标的过程中可能遇到的各种障碍与问题，然后列举两个最明显的困难。这就是所谓的双重思想。参与者要首先思考他所能得到的好处，细细感受人生如何变得更美好与愉悦。之后，他们要立即思考取得这些成功所面临的障碍，专注于思考如何克服它们。

在多次实验里，奥埃廷根发现，这一方法非常有效。当人们专注于目前他们想要提升的关系时，采取这种双重思想的做法会让他们比那些专注于消极方面的人更容易成功。奥埃廷根让那些有暗恋对象的学生运用双重思想的方法，这些学生要比那些单纯幻想与暗恋对象进行完美约会或是沉迷于困境的学生，都更容易取得成功。若我们能够多运用一些双重思想的方法，就能鼓励员工去参加培训课程，让护士与病人家属形成更良性的关系，中层的经理也能做出更好的决定，提升他们的时间管控能力。

研究结果显示，利用视觉化想象去驱动行为，有很大的效用，关键在于平衡，将取得成功带来的好处与对问题的现实评估联系起来，才更有助于解决问题。■

用行动转化"能量" "双重思想"程序

下面的步骤都是以双重思想作为指导方针的，这些步骤可以驱动你更好地实现目标，在面对困难时更坚韧不拔。

1. 你的目标是什么？

2. 潜在的好处与挫折

问题 A

写下一个词语，如果你实现了目标，它能反映出你的人生出现的重大改变。

问题 B

写下一个词语，它能代表你实现目标过程中所遭遇的重大障碍。

问题 C

写下一个词语，如果你实现了目标，它能反映出你的人生将会变得如何美好。

问题 D

写下一个词语，它能代表你实现目标过程中所遭遇的另一个重大障碍。

3. 详细说明

对问题 A 进行详细的回答。

想象你能从成功过程中收获的各种好处，在下面的位置写出来。

对问题 B 进行详细的回答。

想象各种困难如何影响你取得成功，以及你所采取的克服困难的方式。在下面的位置说出你的想法。

对问题 C 进行详细的回答。

想象你能从成功过程中收获的各种好处，在下面的位置说出自己的想法。

对问题 D 进行详细的回答。

想象各种困难如何影响你取得成功，以及你采取何种方法去克服它们。在下面的位置说出你的想法。■

节食与酗酒

　　研究表明，绝大多数人在他们人生的某个阶段，都想过要节食或是降低对酒精的依赖程度。但是，这些研究同时表明，他们最终大部分都失败了，原因常归结为缺乏动力。问题在于，人们在开始与停止这样做的时候，都没有追随自己的本能。相反，他们总在无意识中受各种因素的影响。康奈尔大学的布莱恩·汪辛克对此进行了很多研究。

　　在一次研究里，汪辛克与他的同事就对人们在无意识当中是否决定继续吃东西，会不会受制于一个让人沉思的问题进行了研究。该问题就是"我是否吃完了属于我的食物分量呢"。汪辛克制造了一个有特殊底部的汤碗，他能够暗地里通过一条隐藏的管道将汤碗填满。很多参与者都坐在餐桌前，喝着汤，闲聊了二十分钟左右，然后与研究人员谈论对汤的看法。在参与者完全不知情的情况下，一半的参与者说他们用的是"看似不见底的汤碗"，碗里的汤始终会被填满，而另一半的参与者用的则是正常的汤碗。

　　那些使用"看不见底的汤碗"的参与者所喝的汤，要比使用正常汤碗的参与者多出75%。除此之外，那些喝比较多汤的人似乎根本没意识到自己到底喝了多少汤，并说跟平常吃的分量差不多，也没感觉吃得太饱。

　　而当我们意识到一些隐藏的因素会影响到饮食分量时，或许会得到一些宽慰，并会想办法寻找迅速有效的方法控制进食量。

用行动转化"能量"
缓慢的力量

一些研究表明，吃慢点会让人们吃得更少，也许这是因为吃慢点的行为会让我们的大脑错误地认为我们已经吃了很多，并且让我们的身体有足够的时间去消化食物。彭宁顿生物医学研究中心的科比·马丁与他的同事就此进行了一次有意思的实验。他们让超重的参与者用三种不同的速度去吃一顿午餐：1. 正常的用餐速度；2. 平时用餐速度的一半；3.首先以正常的用餐速度吃，然后以平时用餐一半的速度进食。吃得慢会让男性吃得更好一些，但这对女性来说并不管用。但是，一开始用平时的就餐速度吃，接着再放慢就餐速度，无论男女，都会减少食量。正常速度结合放慢速度进食的方法，要比全程放慢速度进食更有效。这似乎说明了感觉饱足的秘密就在于：一开始要用正常的速度进食，然后尽量慢下来品尝每一口饭菜。

酒杯形状的秘密

康奈尔大学的心理学家布莱恩·汪辛克与薛尔特·冯·伊特森曾让参与实验的学生尝试向一个酒杯倒威士忌酒，学生们向扁宽的酒杯倒的酒量要比向细长酒杯倒的多30%。看来，人们似乎将酒在酒杯里呈现的高度作为衡量酒量的重要标准，却并没有注意到一个酒杯要比另一个酒杯更宽。研究人员接着让富于经验的酒保重复这些实验，结果发现他们向扁宽的酒杯倒的酒要比向细长酒杯倒的多出 20%。可见，如果你想要减少喝酒量，就尽量选用细长的酒杯。

眼不见，心不烦

研究结果发现，只需要将食物或是美酒放在视线范围之外，或是将它们放在离你几尺远的地方，就能对你的吃喝产生重要的影响。在一系列的研究里，研究人员有策略地将巧克力罐放在一个办公室，然后仔细计算员工们吃巧克力的数量。在一种情况下，研究人员分别将巧克力放在办公桌上以及距离员工们六英尺的地方。在另一种情况下，他们分别将巧克力放在透明与不透明的罐子里。将巧克力放在办公桌上，会让员工们每天多吃六颗巧克力；员工吃放在透明罐子里的巧克力的速度，要比放在不透明罐子里的快 46%。在另一场实验里，研究人员分别在参与者的家中堆积了数量较多以及数量适中的零食，结果发现，那些家里存放过多零食的人所吃的东西是家里存放数量适中的人的两倍。为了减少摄入量，要确保可口的食物放在你的视线范围之外，或是放在让你难以接近的地方，比方说高高的橱柜或是地下室。

专注，专注，专注

当人们在吃饭时注意力分散，就不会留心已进食的分量，因此会吃得更多一些。研究发现，看电影的人关注情节的程度与所吃的爆米花分量是有关联的。那些更专注于电影情节的人会吃更多的爆米花。而那些在就餐时聆听侦探故事的人，要比那些安静吃饭的人多摄入 15%。在吃饭时，诸如看电视、阅读杂志甚至是与别人聊天，都会让就餐者吃得更多。

碗的大小很重要

你的就餐分量是否会受碗与汤匙大小的影响呢？几年前，布莱恩·汪辛克邀请一些朋友参加一次聚会，他暗地里进行了一次实验。每一位来客都会随机分到一个可以装 17 盎司或是 34 盎司食物的碗，以及大小不一的汤匙。然后，客人们以自助的方式进食冰淇淋。在客人们尝第一口冰淇淋之前，研究人员就已经对碗与汤匙进行了称重。研究结果显示，那些使用大汤匙与大碗的客人要比那些使用较小的汤匙与碗的客人平均分别多吃了 14% 与 31% 的冰淇淋。宾夕法尼亚州立大学的心理学家安德鲁·盖尔与他的同事进行了不同的实验，结果表明，这样的效应并不仅局限于冰淇淋聚会。他们曾将一碗 M&M 牌的巧克力放在一幢公寓的走廊上，旁边摆着一把汤匙以及一条标语："只吃你的份额：用汤匙开动起来吧。"研究人员分别将正常的以及更大的汤匙放在巧克力碗旁边。结果显示，相较一般的汤匙，大汤匙会让人们摄入两倍多的食物。因此，要想降低进食量，就餐时尽量使用更小的碗、碟与汤匙。

写食物日志

凯萨医疗研究机构进行了一次实验,结果显示:将就餐时所吃的食物记录下来,有助于食客更好地减肥。在研究的过程中,那些每天对所吃食物进行记录的人,减重数是那些没有这样做的人的两倍。所以,你只要将自己所吃的食物记录在便利贴上,或是用邮件的方式发送给自己,都能产生巨大的影响。根据这个理论,知道你每天所吃的食物明细,有助于你打破之前不良的习惯,从而让自己吃得更少一些。

遗憾与反思

你是否对自己的体形感到不满,却又缺乏去健身房的动力?可以试着运用遗憾所具有的能量,同时进行反思。查尔斯·亚伯拉罕与帕沙尔·希兰进行的一场研究显示,只需要稍微想想如果你不去健身房锻炼将会给自己带来多大的遗憾,将有助于你从沙发上爬起来,出门去锻炼。当你来到健身房后,要尽量避免面对那些落地镜。麦克马斯特大学的心理学家马丁·吉尼斯与她的同事分别对在镜子前以及在墙壁前踩脚踏车的人进行研究。结果显示,那些面对镜子的人会觉得自己更缺乏继续运动的动力,感到更疲惫。研究人员认为,镜子的存在可能会让人们更专注于自身不完美的体形,从而带来更多的负面影响。

如何消耗更多的热量

研究表明，若你能对日常的生活方式稍加改变，会变得更健康。比如在做家务时，使用上光蜡，而不要用喷雾器（摩擦的行为要比按住喷头的行为更消耗能量），经常使用楼梯（上班时不要乘坐电梯、做家务时多走楼梯），或是在你散步与放空的时候，听些动感的音乐，让身体摇摆起来，以消耗更多的热量。

在厨房墙壁装一面镜子

爱荷华州立大学的心理学家史黛西·森泰尔与布拉德·布西曼进行了一项研究，结果显示将一面镜子放置在你的厨房，有助于你减肥。在多次研究里，参与者有机会去吃一些健康与不健康的食物。其中一次研究的实验场景设在超市，有1000名购物者都得到了尝试两种全新的全脂与脱脂黄油的机会。在一半的时候，研究人员故意将镜子放在试吃台后面，保证他们能够看到自己的模样。在另一半的时候，研究人员将镜子拿走。结果表明，镜子的存在会让尝试全脂黄油的人数降低32%。可见，看到你在镜子里的模样，会让你更关注自己的体形。

"节食包"的陷阱

超市的走廊置物格子里通常都会放置许多袋装的"节食包"，

宣称有助于你控制食欲，吃得更少一些。但是，购买这些"节食包"真的能让你少吃吗？为了找寻答案，荷兰蒂尔堡大学的研究人员分给一些参与者两大袋薯片，给另一些参与者九小袋"节食包"，然后让他们坐下来观看电视。在参与者拿到零食与看电视之前，他们需要在镜子前进行测重，从而产生一种"节食思维"。研究结果显示，那些得到"节食包"的参与者所吃的零食是那些得到薯片的参与者的两倍。得到"节食包"的参与者通常会认为，这些食品热量少，因而缺乏自控，结果吃得更多。■

【心理学链接：给自己写悼词的好处】

在查尔斯·狄更斯的作品《圣诞颂歌》里，埃比尼泽·斯克鲁奇被三位幽灵拜访。前两人分别代表"过去"与"现在"，他们告诉斯克鲁奇，正是他的自私才让他的人生变得如此孤独与痛苦。只有当代表未来的幽灵出现，引领他提前看到自己将来无人祭拜的荒凉坟墓时，斯克鲁奇才能改变自己的品格，成为一个乐善好施与具有怜悯心的人。狄更斯深知，用长远眼光看待事物，对死后的人生进行畅想，能够深刻地改变一个人。大多数的心理学家都做过这方面的实验，研究结果显示，小说中的斯克鲁奇效应同样会在现实生活里出现。

在一次实验里，研究人员在大街上拦住一些人，要求他们按照满分十分的标准，对他们最感兴趣的慈善机构（"慈善机构对社会的贡献到底是多少？""社会有多需要这些机构？"）进行打分。有的人是刚好路过殡仪馆时被拦住了，而有的人是在一些普通的建筑前被拦下。当研究人员在对路过殡仪馆的人进行询问时，始终确保他们面对一个叫"豪伊太平间"的招牌。研究结果显示出了"斯克鲁奇效应"，面对殡仪馆招牌的人，比那些站在不知名建筑前的人，表现出了更多的仁慈和爱心。

密歇根大学的心理学家克里斯托弗·皮德森认为，鼓励人们思考他们死后的声誉，能带来诸多好处，这包括帮助他们认清自己的长期目标，了解自身为了实现梦想所应付出的努力程度等。

　　试想一下，你的一位亲密朋友出现在你的葬礼上，为你念出最完美的悼词。你希望朋友对你说些什么呢？你可以自由发挥，不要拘束，只要真实就好。你希望朋友们如何描述你的个性、成就、个人力量、家庭生活、事业成就以及待人接物之道呢？当你完成了这些悼词，要抽出一些时间去审视你认为最理想的对于自己的描述。你现在的所作所为是否与你写给自己的悼词相吻合？你还有哪些方面需要改进？ ▣

第八章　婚姻

Chapter 8

据一些专家的说法，美满婚姻关系的基础之一就是"积极聆听"。这种形式的沟通强调夫妻双方要设身处地地站在对方角度思考。试想一下，在一次婚姻咨询的过程中，妻子解释说，她之所以对丈夫感到无比愤怒，是因为丈夫经常喝醉酒，回家时酒气熏天，然后坐在电视机前一直看到深夜。根据那些信奉积极聆听效果的人，这位丈夫应该将妻子的关切看在心中，然后尽量试着去理解妻子的愤怒。这种在直觉上觉得不错的方法是非常流行的，但积极聆听对美满的婚姻关系来说真是最重要的吗，还是这是另一个人们想当然的神话呢？

在 20 世纪 90 年代，华盛顿大学的心理学家约翰·戈特曼与他的同事就急切地想找寻真相。于是，他们进行了一项漫长而详细的研究。他们招募到超过 100 对新婚不久的夫妇，邀请他们来到实验室，要求他们坐在摄像机前，就他们意见不合的话题谈论 15 分钟。之后，研究团队会对每一个镜头进行研究，分析他们所说的每一句话。在接下来的六年时间里，研究人员会定期地与这些夫妇联系，以便了解他们是否还在一起生活，以及是否感到幸福。

为了验证积极聆听是否具有效果，研究人员关注了录像里的人表达负面情感或是言论时的情形，比如"我不爽你的行为"或是"我没法忍受你对我父母说话的方式"。研究团队记录了他们的伴侣所做出的反应，然后找寻与积极聆听相关的言论，比如通过变换说法来表达自己的理解之情或是同理心。当研究人员通过对比六年后依然维持婚姻关系和已经离婚的夫妻当初访谈时"积极聆听"的频率之后，就能从科学的角度去评估聆听的作用。

戈特曼与他的团队对他们的发现感到无比震惊：积极聆听的例子是极为少见的，而积极聆听这种行为也无法预测一对夫妇是否会拥有美满快乐的婚姻生活。根据研究的结果，积极聆听与婚姻的幸福没有任何关系。

戈特曼团队在对这样的发现感到震惊之余，转而研究另一组录像带——来自他们追踪了长达13年之久的一组夫妇。在对这些录像带进行系统分析之后，他们发现相似的模式出现了，即便是最为美满幸福的婚姻也很少有所谓积极聆听的行为。

根据戈特曼的说法，在你的伴侣表现出挑剔行为的时候，试图设身处地地为对方着想，这一道鸿沟实在是太大了，根本无法跨越。要想跨越它，就得进行一场高难度的"情感体操"。虽然研究团队得出的结论与很多恋爱关系的咨询师的建议背道而驰，但其他研究也无法证明积极聆听是造就一段成功关系的基石。

如果说积极聆听并不是最好的办法，那什么才是最佳的解决之道呢？戈特曼的研究表明，那些能够长期维持幸福婚姻关系的夫妇，都会在爆发冲突的时候展现出一种独特的处理方式。妻子通常会提出一个棘手的问题，并给出适当建议，丈夫会接受妻子提出的部分观点，从而表现出与伴侣分担难题的感觉。这样的行为更有助于保持一段美满的婚姻关系。与此相反，那些在爆发冲突时选择逃避或是展现出蔑视情感的夫妇，特别容易婚姻破裂。

在关系变得紧张的时候，夫妻双方改变做出反馈的模式是有可能的，但这需要耗费精力，而且难度不低。但好消息是，有几种简单易学的方法能帮助人们过上幸福的婚姻生活。这些方法包括：写一封情书，将一张照片放在壁炉架上，将时间的指针拨回你们第一次约会的时候。

【心理学链接：评估伴侣间的关系】

根据戈特曼的研究结论，你对伴侣在细微方面的了解程度，能很好地预测你们的婚姻关系是否能长久。下面这个有趣的测验将有助于评估你与伴侣间的了解程度。你要通过猜想伴侣的答案以作答。然后，你的伴侣会告诉你正确的答案。答对一题就给自己加一分。然后，你们可以互换角色，重复这个过程。最终，将你俩的得分相加，总分将会在 0 到 20 分之间。

问题

1. 下面哪些类型的电影是你的伴侣最喜欢看的？

   恐怖片　　　　　喜剧片　　　　　动作片　　　　　剧情片

2. 你的伴侣的第一份工作是什么？

3. 你的伴侣最喜欢看下面哪类体育节目？

   足球　　　　　棒球　　　　　篮球　　　　　赛车

4. 你的伴侣的出生地在哪里？

5. 你的伴侣最喜欢阅读下面哪一本经典著作？

   《飘》　　《双城记》　　《傲慢与偏见》　　《百年孤独》

6. 你的伴侣的衬衫尺寸(男性)或是裙子尺寸(女性)是多少？

7. 你的伴侣最喜欢下面哪一种旅游方式？

       海滩冲浪   滑雪   露营   城市度假

8. 你的伴侣最亲密的朋友的名字是什么?

9. 如果有可能,你的伴侣最愿意与下面哪些风云人物见面呢?

       希特勒   肯尼迪   甘地   丘吉尔

10. 你的伴侣最喜欢的食物是哪几种?

情感纽带的重要性

20世纪80年代末，马萨诸塞州克拉克大学的研究人员詹姆斯·莱尔德招募了一些人参与一次实验，以研究是否真的存在心灵感应。之前从不认识的男女参与者在相同的时间内来到了一间实验室。然后，他们需要经历一个不同寻常的过程。一位研究人员解释说，在进行通灵测验之前，让参与者建立起关系至关重要。研究人员要求这些男女花一些时间看着彼此的眼睛。然后，他们就被带到分隔的房间。其中一人手里拿着一张简单的画作，而另一个人则是通过"精神层面"猜测这些画作的特性。

在研究结束的时候，莱尔德查看自己得到的数据，根本没发现任何通灵能量存在的证据。他感到失望了吗？根本没有。事实上，这项研究与心灵感应没有任何关系。所谓的通灵测验不过是一次精妙的伪装，是为了让团队人员能够对爱的心理学进行富于创造性的研究。

很多人认为，坠入爱河是一件相当复杂的事情，这取决于外貌、个性、情绪与机缘等方面的综合。而莱尔德想要研究，这种独特神秘的感知是否更直接呢，人们是否能通过细心的安排去制造出这种情感呢？

他的假设很简单。在日常生活里，坠入爱河的恋人显然会花很多时间去观察对方的眼神。但是，莱尔德想知道反过来是否也一样。花一些时间盯着别人的眼睛，是否也可能产生某种爱的情感呢？

正常来说，盯着陌生人的眼睛看，最好的结果是别人会认为你很古怪，最糟糕的结果就是别人认为你具有攻击性。正因为如此，莱尔德必须要为延长眼神接触的时间创造出一个令人信服的理由，因此，他最终想出了通灵测验作为幌子。在参与者丝毫未察觉的情况下，他们进行了一场虚假的心灵感应实验。莱尔德认为，眼神的接触足以擦出爱的火花。

在虚假的通灵测验结束之后，研究人员要求所有的参与者都对实验的伙伴进行恋爱情感的评价。实验得出的数据证明莱尔德是正确的，很多参与者都说，他们对这位新伙伴产生了真诚的情感，并且深深为之吸引。

这个实验旨在对人类行为研究提供一种方法，人类行为研究最早是由现代心理学之父威廉·詹姆斯提出的。詹姆斯认为，思想与情感不仅会影响到我们的行为方式，而且我们的行为方式也会影响到思想与情感。

在对人类行为的研究上，莱尔德并不是一个人在战斗。斯托尼布鲁克分校的心理学家亚瑟·艾伦与其同事进行的另一项研究也表明，同样的方法有助于让伴侣变得更亲密。

任何浪漫恋情的开始通常都伴随着一段兴奋的时光，双方都会享受到与一位新伴侣体验生活的新鲜感。若是将未来20年的时间以快进的方式播放出来，那将是一幅完全不同的画面。伴侣双方都彼此非常了解，生活也变得寡淡平常——同样的酒店、同样的度假目的地，同样的对话，虽然熟悉会让人感到舒适，但总有点乏味，很难再让我们体验到热恋时心跳的感觉。

艾伦想知道，彼此对视能否让伴侣体验到求爱阶段的兴奋感，重燃他们的爱火呢？尤其是通过让双方去做一些新奇有趣的事情，打破之前单调的婚姻生活，是否能让彼此更具吸引力呢？于是他在报纸上招募了一些志愿者。

当志愿参加实验的夫妇来到测试地，每一对夫妻都要完成一份关于他们婚姻关系的问卷，然后再被随机分配到两个小组中的一组。接着，实验人员将桌子与椅子拿走，在地板上铺上一张"体操垫子"，然后开始进行实验的下一部分。

对其中一组夫妻，研究人员拿出了一卷魔术贴，然后说他们要参与一个游戏。如果夫妻的眼睛亮了起来，并且彼此交换眼神，那么研究人员就会立即将魔术贴拿走，要求他们离开。之所以用魔术贴，是为了确保夫妻一方的右手腕要与伴侣的左手腕拴牢，同时将他们的右脚踝与左脚踝拴在一起。

接着，研究人员将 3.3 英尺高的泡沫障碍物放在房间中央，然后递给每对夫妻一个大枕头。每对夫妻都要趴在地上，手脚并用地匍匐爬到障碍物前，然后跨越这个障碍物，爬到房间的另一边，然后转过身，沿着原路跨过泡沫障碍物，回到一开始出发的地点。为了让整个游戏变得更有趣，参与者被要求整个过程中用身体托着枕头（不能用手、手臂或是牙齿），并且限时 60 秒。所以，大家在完成游戏后都没有觉得失望。研究团队还借口不想参与者在这个游戏中擦伤，要求他们脱下手表，然后假装说每对夫妻都在限定的时间内完成了任务。

分配在另一组的许多夫妇则被要求去做一些非常普通的事情。研究人员要求一对夫妻中的一方趴在地面上，然后将一个球滚到房间中央的某个位置，他们的伴侣则需要站在房间的另一边观看。当球被滚到了指定地点，就轮到他们的伴侣上去将球滚回一开始的地方。

研究人员认为，绝大多数的夫妇都没做过匍匐在地、穿越泡沫障碍物的游戏，因此第一组的夫妇会觉得新颖有趣，让人兴奋。这能让这些夫妇有机会共同合作，并且以一种不同寻常的全新视角看待对方。这类体验与他们一开始见面时的感受是相似的。与此相反，第二组的夫妇所做的游戏非常普通，并不需要他们协同合作。

在实验结束的时候，所有的夫妇都完成了几份调查问卷（这些问卷有一个相当不浪漫的名字"浪漫爱意症候清单"），按照伴侣让他们感到"激动"或是"幸福"的感觉进行打分。与研究人员的预期一样，那些共同努力跨越泡沫障碍物的夫妇，要比那些只是完成滚球游戏的夫妇更能感觉到彼此的爱意。只需要进行几分钟全新有趣的活动，似乎就能达到意想不到的积极效果。

受到初期实验结果的鼓舞，艾伦与他的团队重复了这次实验的方法。这一次，他们没有采取实验后进行问卷调查的方式，而是采取了另一种方法去衡量夫妻双方对婚姻的满意度。在第二次实验结束后，研究人员会就每对夫妇谈论他们第二天度假的事情或是如何进行家居装饰等方面的情况进行录像。另一组研究人员会观看录像，认真仔细地检查夫妻任何一方表现出敌意的次数。结果显示，用魔术贴拴在一起玩耍的夫妇要比那些进行滚球游戏的夫妇说了更多的积极话语。

艾伦的研究发现用另一种方式证明了，我们的行为会对我们的思想与感觉产生重要的影响。与注视一位陌生人的眼睛能够产生爱意的实验一样，参与一些能激发起恋爱时期情感的游戏，也有助于重新唤起过往的激情。

　　根据上述的研究结果，任何婚姻关系都可以通过一卷魔术贴、一个大的泡沫障碍物以及开放的心灵来得到改善。■

用行动转化"能量"
增进夫妻间的吸引力

艾伦的研究结果表明，维系长期婚姻关系的夫妻在他们定期参加一些需要共同努力才能实现目标的新奇有趣的活动时，会觉得对方更具吸引力。这个发现得到了其他一些研究的支持，这表明维系长期婚姻关系并感到幸福的夫妻，更愿意参加一些需要双方合作的休闲活动，这能给婚姻带来一点刺激，让他们处于一种积极活跃的状态。

因此，无论是参加某项体育运动、业余戏剧活动、攀岩、到一个新地方游玩，还是学习一种新舞蹈，那些能够共同面对人生"泡沫障碍物"的夫妻就会形成更紧密的关系。■

【心理学链接：让浪漫简单化】

最近，我进行了一次大规模的在线调查，研究浪漫行为的心理学。通过与作家蕾切尔·阿姆斯特朗合作，我做了一份涵盖各种浪漫问题的调查表，其中就有"在你的伴侣忙活了一天的工作之后，为他放好洗澡水""在对方感到寒冷时，为他披上你的大衣"，或是"在周末带你的伴侣去一个有趣的地方玩耍"，等等。来自英美的超过 1500 名网友完成了这份问卷，研究结果揭露了浪漫之举背后隐藏的心理学。女人经常会抱怨男人是缺乏浪漫细胞的生物，调查结果是否能证实她们的说法呢？

研究人员要求女性查看问卷，然后说出她们的伴侣做出列表里浪漫举动的频率。得到的反馈结果着实让人感到压抑：55% 的女性表示，她们的伴侣从来没有为她们准备过洗澡水；45% 的女性表示，在她们感到寒冷的时候，伴侣从未为她们披过衣服；53% 的女性表示，伴侣从未带她们去过有趣的地方度过周末——这些客观的证据都证明了，女性长期以来说男性不够浪漫是正确的。但是，男性表现得如此糟糕背后又隐藏着什么理由呢？

在调查的另一部分，男性参与者需要查看浪漫列表，按照十分制评估每一个行为对女人而言意味着多浪漫。作为对照，女性参与者则需要按照相同的计分标准进行衡量，评估她们的伴侣如果做了每一种浪漫行为，自己将觉得有多浪漫。调查结果显示，男性严重低估了一些最为简单的行为的浪漫价值。

比方说，只有 11% 的男性会给"让她知道，她是你见过的最美的女人"打十分，但将此视为最浪漫举动的女生比例却高达 25%。与此同时，大约 8% 的男性给"在她忙活了一天的工作之后，为她放好洗澡水"打了十分，但女性给此打十分的比例却多达 22%。类似的差异频繁出现，这表明男性之所以不够浪漫，并不是因为他们懒惰或是缺乏对伴侣的关心，而是因为他们完全低估了女性对浪漫行为的感受。

最后，调查结果还对那些想要求爱的男性伸出了援助之手，因为该调查统计出了女性认为最浪漫与最不浪漫的行为。下面列出排在前十的女性认为的浪漫之举，以及为此举打出十分的女性的比例。

1. 蒙上她的眼睛，送给她一个充满爱意的惊喜。——40%
2. 在周末带她到一个非常有趣的地方。——40%
3. 写一首歌或是诗送给她。——28%
4. 让她知道，她是你见过的最美的女人。——25%
5. 在她忙活了一天的工作之后，为她放好洗澡水。——22%
6. 给她发一条浪漫短信或是一封邮件，或是在家里留一张充

满爱意的字条。——22%

　　7. 早晨叫她起床吃你做好的早餐。——22%

　　8. 在她感到寒冷时，为她披上一件大衣。——18%

　　9. 将一大束花或是一盒巧克力送到她的上班地点。——16%

　　10. 为她专门制作一张 CD，里面收录她喜欢的歌曲。——12%

　　有趣的是，在女性看来，那些能暂时逃避现实与表达惊喜的浪漫之举最棒，其次是体贴周到的，最后才是用物质去表达浪漫的——科学研究表明，在涉及浪漫的问题上，女人最看重的还是男人的心意。■

五合一：当言语比行动更重要的时候

试着找到下面这个图里那张不快乐的脸。

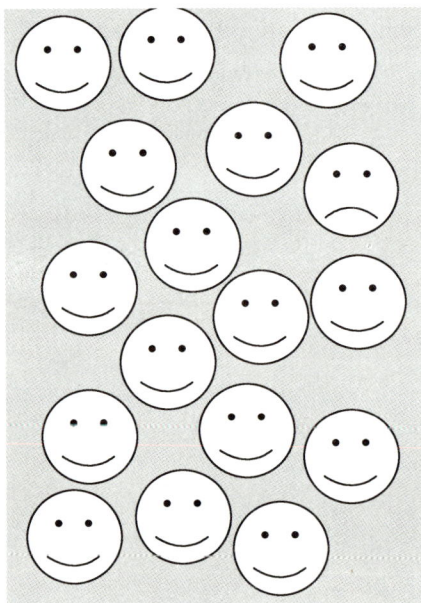

对大多数人来说，这是极为轻松容易的事，因为那张不快乐的脸似乎很自然地会从众多的表情中跳出来。研究表明，从概念上来说，相同的心理效应也会影响到我们日常生活的许多方面。相较而言，消极的事情与经历更容易引起我们的注意，对我们的思想与行为方式产生重要的影响。若是人们情绪低落的时候，会很容易想起人生中一些消极的事，比如一段恋情的终结或是工作职位的失去等。而在人们心情愉悦时，要让他们回想起初吻或是最快乐的假期，却困难得多。某一次的欺骗或是不诚实的做法，通常会对一个人的声誉产生严重不对称的影响，能够让他们多年来苦心经营的成果化为泡影。

美国幽默家海伦·罗兰德就曾说："女性的一句奉承可能会让一个男人的大脑膨胀一些，但是她的批评却能直抵男人的心灵，伤透他的心。"单纯从直觉来说，这句话似乎很有道理，但它经得起当代科学的检验吗？

之前说过，心理学家约翰·戈特曼耗费 30 年时间探寻影响一对夫妻在一起或是分开的关键因素。他的许多研究结果都涉及夫妻在谈论他们关系时所说的话。多年来，戈特曼对积极话语（例如反思、认同、理解或宽容）与消极话语（例如敌意、批评或鄙视）所产生的影响特别感兴趣。他对这些话语出现的频率进行了认真的记录，然后对这些夫妻能否成功维系关系进行追踪。戈特曼发现了能够预测婚姻发展的积极话语与消极话语的比例：就一段美满的夫妻关系而言，使用积极话语的频率与消极话语的频率必须要达到五比一。换言之，我们需要五句表达认同与支持的话语，才能消除一句批评所带来的伤害。

遗憾的是，戈特曼的研究同时还揭示了一点，即双方的共鸣有时候很难达成。为什么呢？戈特曼与研究团队对许多夫妻的谈话进行了详细的分析，终于揭示了背后的原因。当妻子表达了某个赞美（比如"不错的领带！"），他们的伴侣就会倾向于积极回应（比如"谢谢，你的裙子也很漂亮！"）。但是，这样的说话模式并不如想象中那么有效用。当妻子发出一连串的赞美（比如"不错的领带，真的很喜欢你的衬衫，还有你的外套也很好看！"），这通常无法得到对方一句愉悦的回答。与此相反，对一些消极话语的回应则是相当可预测的，哪怕是一点点的批评（"你确定这条领带不好看？"），都会引起一连串的反唇相讥（"你喜不喜欢，我根本不在意。看看你那裙子，穿着它你就像个稻草人！"）。

戈特曼的研究表明，婚姻关系需要相互支持与认同才能巩固，即便是一句最简单的消极话语，都要倾注许多爱意与关注才能抚慰。遗憾的是，传统的对话模式并不会激励人们表达足够的赞美与支持性的话语。

当他们彼此交谈的时候，让伴侣去观察与修改他们的表达是相当费时费力的。而好消息是，研究人员已经发现了使用语言去提升双方关系迅速且行之有效的方法。

以位于奥斯丁的德州大学的心理学家理查德·斯莱彻与詹姆斯·佩妮贝克的研究工作为例。之前的研究表明，让那些遭受过痛苦经历的人写下他们的想法与感觉，有助于帮助他们走出压抑的精神状态，增强他们身体的免疫系统。于是斯莱彻与佩妮贝克就想，这样的方法能否提升夫妻间的关系质量呢？为了寻找答案，他们招募了超过80对新婚的夫妻，然后将夫妻双方随机地分在两个小组里。第一组的人被要求连续3天、每天花20分钟写下他们对当下这段感情的看法。与此相反，第二组的人被要求每天花费同样多的时间写下他们的日常感受。三个月后，研究人员联系了之前的所有参与者，然后询问他们的关系进展如何。果然，每天就他们的情感写下感想的简单行为，会对他们的关系产生重要的影响。在所有进行表达性写作的人当中，77% 的人依然与他们的伴侣保持关系，而那些只写下日常感想的人只剩 52%。

为了探究这种明显差异背后的原因，研究人员收集与分析了这些情侣在三个月评估期内给双方发去的信息内容。通过仔细计算信息里的积极与消极话语，他们发现了那些在信息里进行表达性写作的人，要比那些只是单纯写下日常感受的人运用了更多积极的词语。简而言之，研究结果表明，一个看似小的举动就能产生重大的影响。连续三天每天抽出 20 分钟去描述他们的情感，不仅改善了伴侣间沟通的语言，还让他们彼此间产生了更亲密的感觉。

事实上，还有更好的方式能改善婚姻关系。你可以看看下面的图画。

左边的白色圆圈似乎要比右边的白色圆圈更大。事实上，这两个圆圈都是一样大的，但是它们的大小看起来却不一样，因为我们的大脑会本能地将每个圆圈与它们周边的物体进行比较。左边的白色圆圈被一些

更小的圆圈环绕，因此看上去相对大一些。与此相反，右边的白色圆圈
被一些更大的圆圈环绕，因此看上去相对较小。

　　格罗宁根大学的布拉姆·布恩克与他的同事想知道，这种相同类型的"比较思维"是否能用来增强人们彼此间的关系。为了验证这个结论，布恩克招募了那些已经维系了长时间婚姻关系的人，然后让他们用一两种方式去思考他们的伴侣。其中一组的参与者只需简单写下几句话，解释为什么他们的婚姻关系很美满。与此相反，第二组的参与者一开始需要思考一些他们认为不如自己的婚姻关系，然后再写下为什么自己的婚姻关系很美满。从概念上来说，第二组参与者的任务类似于上面图标里的左边情况。正如研究人员预期的那样，当第二组的参与者感觉"比下有余"时，会对他们的伴侣感觉更满意。

　　最后，心理学家桑德拉·穆雷与约翰·霍尔姆斯认为，即便是一句话都能造成很大的差异。在他们的研究里，参与者需要谈论他们伴侣的优缺点。接着，研究团队追踪了这些参与者长达一年之久，观察哪些参与者的关系还在维系，哪些已各奔东西。接着，他们再研究婚姻成功和失败的参与者们在一年前访谈时所使用的不同语言。令人惊讶的是，至关重要的差异在于一个非常简单的词语——"但是"。在谈论他们伴侣最大的缺点时，那些成功维系关系的人通常都会美化这些批评。比如，她的丈夫可能很懒，但是他带给夫妻俩许多开怀大笑的理由。他性格内向，但是他能用其他的方式表达自己的爱意。她有时比较粗心，但这是由于她艰难的童年造成的。这样一个简单的词语，能减少他们伴侣的某些缺点所带来的负面影响，从而使他们的婚姻关系更稳固。

用行动转化"能量"
如何使婚姻更美满

下面这个需要用三天来完成的任务，与之前提及的实验研究相似，即抽时间对一段关系进行表达性的描写，不仅有益于身心，而且也有益于维持美满的婚姻关系。

第一天

抽十分钟时间，写下你对当下婚姻关系内心深处的看法。你可以无拘无束地表达自己的情感与思想。

第二天

想一下现在婚姻状况不如你的一些熟人，然后写下三个你认为自己的婚姻要好于他们的理由。

第三天

写下你的伴侣具有的某个正面品质，然后思考为什么这个品质对你来说如此重要。

现在，你可以写下你认为伴侣具有的某个缺点（也许是个性、习惯或是行为方面的问题），然后，你可以列举出一些补救措施，让这个缺点变得可以容忍或是亲切起来。■

充满暗示的房间

试想一下，你刚刚走进一个陌生人的客厅，你对此人一无所知，并且只有很短的时间观察客厅的环境，以便对这间房子主人的个性有所了解。你可以看到墙壁上挂着一些艺术画以及壁炉架上摆放着照片。你注意到书籍与 CD 都散落一地——这一切告诉了你什么呢？你觉得房子主人的性格是内向还是外向呢？他是一个焦虑不安还是过着轻松愉悦生活的人呢？他有伴侣吗，如果有的话，对现在的伴侣是否满意？好，时间到，你该离开了。那位虚构的房子主人很快就要回家了，如果他发现你私闯民宅，肯定会无比愤怒。

最近，心理学家开始研究是否可以从一个人的房子与办公室的摆设布置，去了解他的个性与恋爱状况。几年前，位于奥斯丁的德州大学的心理学家山姆·戈斯林就安排一些志愿者填写标准的个性问卷。然后，他派一个接受过专门训练的观察团队去认真记录这些志愿者的生活起居与工作环境。他们的房间是杂乱无章还是井然有序呢？他们会在墙上贴什么海报呢？他们是否会摆放盆栽植物呢？如果有，又会摆放多少株呢？研究表明，那些富于创造力的人并不会比其他人在卧室里摆放更多的书籍与杂志，但是他们的阅读范畴却非常广泛。与此类似，在涉及工作场所这个问题上，性格外向的人的办公室要比那些内向的人的办公室更具亲和力与吸引力。戈斯林得出结论，人们个性中的许多方面都可以反映在他们周遭环境的布置中。

其他的研究也证明了可以通过环境去判断一个人的恋爱关系如何。这是一种训练，如果你现在处在一段恋爱关系当中，那么这的确会对你产生一些作用。如果你现在是单身状态，就只能袖手旁观了。对此真的很抱歉。不过这方面的篇幅不会很长，因此你无须耗费太长时间。

首先，你要决定将家里的哪个房间用来招待客人。好了，现在想象你正坐在这个房间的中央位置，看着四周（当然，如果你恰巧就在这个房间里，只需环顾四周即可）。你可以找来一张纸，列举房间里五件你最喜欢的东西。这些物品可以是海报、艺术画、桌子、雕塑、盆栽、玩具与一些小玩意——任何让你喜欢的东西都可以。接下来，你可以思考自己是怎样得到清单上这些东西的。如果是你的伴侣购买的，或者是你们共同购买的，就可以在上边贴一个标记。你最终可以对清单上的五样东西贴0到5个标记。

就你们的关系而言，标记的数量又意味着什么呢？根据克莱尔蒙特研究大学的心理学家安德鲁·洛曼与他的同事的研究，这说明了很多重要的问题。洛曼招募了超过100对夫妇，要求他们完成"检查房间里共有物体"的工作，同时让他们对伴侣间亲密度进行评估。研究结果显示，标记的共有物品数量越多，伴侣间的关系越亲密与健康，他们更愿意耗费时间与精力使之继续维系下去。因此，当你下次去朋友家做客时，可以询问他们房间里一些最显眼的物品是怎么来的——这也许要比想象中更能揭示出他们的关系状况。

　　某些物品可能会让某人想起他与伴侣之间的关系，搜寻过去快乐的记忆，内心感觉良好。而根据最近的一些研究，这些物品还可以做更多的事情。

　　佛罗里达州立大学的心理学家乔恩·马纳与同事进行了一项极富创造性的研究。他们招募了超过100名有稳定恋爱关系的学生，让他们看一些异性的照片，然后选择一位他们认为最具身体吸引力的人。研究人员要求第一组学生在他们对恋人感到有强烈爱意时写下一篇文章，而实验对照组的学生只需写下任何他们想写的文字。

　　在学生们写文章的时候，研究人员告诉他们要忘记早前选择的那位具有吸引力的人，但脑海里一旦浮现那张照片，就要在页边的空白处做一个标记。越让人们不去想某些事情，越会使得他们沉浸其中。当然，这对被分在实验对照组的学生来说也是如此，他们在每页纸上平均留下四个标记。然而，那些想着自己恋情的学生认为，他们更容易将那张富于吸引力的照片从脑海里赶出去，因为他们每两页只有一个标记。

　　在实验行将结束的时候，研究人员要求每名学生尽量记起他们所选照片上的人物特征。那些思考"爱意"的学生更倾向于记住人物衣服的颜色或是拍照的场景，而会忘记与身体吸引力相关的特征，比如性感的眼神或灿烂的笑容。事实上，他们只能记住三分之二具有吸引力的特征。

这些发现表明，即便是抽出几分钟思考你对恋人的爱意，都能大大减轻其他异性对你造成的吸引力。根据研究团队得出的结论，这可能就是人类数千年演化过程中形成的一种心理机制，用来帮助恋人更好地维系关系。从更为现实的层面来说，这表明任何能够让你想起伴侣的物品，都会对你产生一种重要的心理作用。从照片到结婚戒指，再到能让你想起国外旅行回忆的项链，这些都有助于你更钟情于现在的伴侣，而不为其他的异性所吸引。

用行动转化"能量"
维持恋情的秘密

　　在你的周围摆设一些能让你想起伴侣的物品，有助于你们改善彼此间的关系。这可以是你正在佩戴的东西，比如说一枚戒指，一件坠饰或是一条项链等。你还可以将伴侣送你的礼物摆放在家中或办公室里，抑或将你俩的合照放在显著的位置。无论怎样，你都要记住，这些物品不单纯代表着爱意，更有疗愈的效能。它们能够唤醒一些快乐的记忆与积极的思想，而且还能激活一种根深蒂固的进化机制，从而降低诱惑对我们的吸引力。■

第九章　教养

　　沃尔夫冈·阿玛多伊斯·莫扎特生于 1756 年，他创作了一些闻名世界的古典音乐，最后于 1791 年死于急性风湿热。莫扎特是一个天才。有人认为，他的音乐能够刺激大脑的某个部位，让人们变得更加聪明，而这是其他音乐作品所无法做到的。除此之外，这些人似乎认为，这种莫扎特效应对处于少年阶段、心智尚未定型的人来说特别有用，并且建议婴儿从小就聆听莫扎特的音乐，从而达到健脑的效果。这些人所持的观点流传甚广——但是，聆听莫扎特的音乐真的能促进孩童的大脑发育吗？

　　1993 年，加州大学的研究人员弗朗西斯·劳舍尔与其同事发表了一篇改变世界的论文。他们招募了 36 名大学生，然后随机地将他们分为三个小组，接着要求每个小组的参与者在十分钟内进行各不相同的"锻炼"。第一组参与者聆听莫扎特 D 大调奏鸣曲，第二组的参与者聆听一般的放松音乐，第三组的参与者极为安静地坐着。在经过这样的训练后，每一名参与者都要完成一个旨在衡量他们某方面智力的标准测试，也就是他们操控空间信息的能力（可以看下面的阐述）。研究结果显示，那些聆听莫扎特音乐的人的得分要比聆听放松音乐与极为安静地坐着的人都要高。研究人员还注意到，这样的效果是暂时的，只能持续 10 到 15 分钟左右。

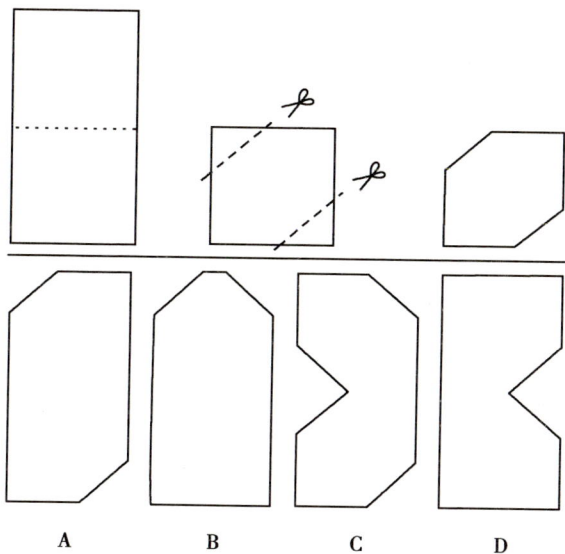

A   B   C   D

（这样的图表可能会在测验空间信息操控能力时用到。上面一排有一张对半折叠的纸，在纸张折叠后，剪去两个角。参与者可以对下面一排四种不同形状的图案进行观察并选择，以验证是否符合折纸展开后的形状。）

两年后，同一组研究人员就之前的研究进行了第二次实验，这一次研究让更多的学生参与进来，时间持续了十天。这一次，研究人员随机将学生分为三个小组。在研究的第一部分里，一个小组的学生聆听莫扎特的音乐，另一个小组安静地坐着，第三个小组聆听菲利普·格拉斯的唱片《变换的音乐角色》。研究结果再一次出现了巨大的不同，那些聆听莫扎特音乐的人在"心灵折纸"游戏中要比另外两组的学生表现得更好。在接下来的研究里，聆听菲利普·格拉斯音乐的学生开始聆听一盘讲故事的磁带与迷幻音乐。此时，聆听莫扎特与安静坐着的学生在"心灵折纸"游戏中几乎得到相同的分数，而听故事或是迷幻音乐的学生的得分则垫了底。研究表明，莫扎特的音乐可能会对人们的智商产生一些微小却短暂的影响。

　　记者很快就报道了这些研究发现。《纽约时报》的音乐评论人阿历克斯·罗斯认为，他们有充分的科学证据，表明莫扎特是一位比贝多芬更伟大的音乐家。但是，一些写手很快就开始夸大这个结果，宣称只需聆听几分钟莫扎特的古典音乐，就能给智商带来长期且巨大的提升。

　　这样的观点像野火一样蔓延开来。在 20 世纪 90 年代后期，人们传播的故事已经完全脱离了之前的研究结果。此时，还没有一个研究验证过莫扎特的音乐对婴儿的智商所产生的影响。但是，一些记者根本不愿意让这些事实影响到一个好的新闻头条，便宣称婴儿聆听莫扎特的音乐后会变得更聪明。这些报道并不是敷衍了事的新闻业的唯一例证。在 20 世纪 90 年代末期，大约有 40% 的媒体都报道了莫扎特对婴儿智商所产生的积极作用。新闻媒体对"莫扎特效应"的持续夸大，甚至影响到了社会政策。在 1998 年，佐治亚州支持向孕育了新生婴儿的母亲免费发送古典音乐的 CD；佛罗里达州则通过了一项法案，要求政府资助的护理中心每天都要播放古典音乐。

这种所谓的莫扎特效应已经变成了一种都市传奇，相当一部分人错误地认为，聆听莫扎特的音乐能提升他们各方面的智力，并且认为这样的积极影响是长期持续的，即便是婴儿都能从中获益。而人类走入 21世纪后，形势发生了大逆转。

首先，哈佛大学的心理学家克里斯托弗·查布利斯收集了各种试图复制劳舍尔的初始实验的研究结果，然后得出了一个结论，那就是莫扎特效应即使真的存在，其影响也比人们一开始想的要小得多。

其他的研究结果表明，即便莫扎特效应存在，那么也不是因为 D 大调奏鸣曲功能独特，而是因为古典音乐基本都能引发快乐的感受。在一次研究里，研究人员将莫扎特音乐带来的影响与那些更为悲伤的音乐（阿尔比诺尼的《G 小调柔板》）相比，结果再一次发现，莫扎特的古典音乐的确要比其他的音乐有更明显的效果。但是，当研究团队对这些音乐给聆听者带来什么感受进行了一组对照实验后，所谓的莫扎特效应突然消失了。在另一场实验里，心理学家将聆听莫扎特音乐与聆听斯蒂芬·金的短篇故事《最后的阶梯》做比较。当参与者表示自己更喜欢莫扎特的音乐的时候，他们在其后的智力测试比单纯的听音乐表现要好，但是，当他们表示和音乐相比他们更喜欢斯蒂芬·金的故事时，他们在其后的智力测试中表现更好。

公众对所谓的莫扎特效应的看法不过是一种心灵神话。到目前为止，我们尚未找到足够让人信服的证据证明婴儿聆听莫扎特的音乐会对智商起到长期且有价值的影响。要是说任何类型的音乐都无法提升孩子的智商，这是否公允呢？事实上并非如此，给人带来好处的音乐的确存在，但这不限于莫扎特，我们应该采取更为开放的态度。

　　一些研究已经表明，那些从小参加音乐课程的孩子要比他们的同学更聪明。但是，我们很难理清其中的因果关系。这有可能是孩子上的音乐课让他们变得更聪明，也有可能他们是天生聪明，或是有条件的学生本身就更喜欢上音乐课。几年前，心理学家格伦·舍伦贝格就决定进行一项实验，研究这个问题。

　　舍伦贝格一开始在当地一份报纸上做广告，宣称要为六岁左右的孩子在周末提供免费的艺术培训。超过 140 名孩子的父母报了名。接着，每个孩子都被随机分在四个小组中，其中三个小组的孩子在长达数月里，都是在多伦多皇家音乐学院里接受培训的，而第四小组的孩子则作为一个实验对照组，他们在音乐课程结束后就没有接受更多的培训。在参加培训的孩子当中，三分之一学习电子琴，另外三分之一进行声学训练，剩下三分之一则参加戏剧课程。在他们接受这些课程训练前后，所有的孩子都完成了一份标准的智商测验。

　　研究结果表明，那些接受了电子琴与声学训练的孩子在智商方面有了明显的提升，而接受戏剧课程培训的孩子与实验对照组的孩子几乎没有什么差别。为什么会出现这样的情况呢？舍伦贝格认为，学习音乐需要孩子掌握几种重要的技能，从而提升他们的自律性与思考能力，这其中就包括专注力、不断练习以及记忆的能力。

无论是使用哪一种解释，如果你想要提升后代的智力，是时候将莫扎特的音乐 CD 放在一边，让你的孩子更广泛地去接触各种音乐了。

名字游戏

很多父母会觉得为自己的孩子起名，是一件困难的事，因为名字将伴随孩子漫长的一生。研究表明，父母们在给孩子起名时谨慎认真是正确的，因为名字会对他们的人生产生重大的影响。

比方说，在我之前的一本书《怪诞心理学》里，我就讲述了人们选择在哪里居住与他们的名字有很大关联，比如很多住在佛罗里达州的人叫弗洛伦斯，住在佐治亚州的人叫乔治，住在肯塔基州的人叫肯尼思，住在弗吉尼亚州的人叫维吉尔等，而且叫这些名字的人居住在这些地方的比例相较其他名字的人要高出许多。同时，在选择婚姻伴侣方面，相较偶遇的缘分，那些共同分享家庭姓氏某个字母的夫妻比例更多一些。人们的政治观点在某种程度上也受到他们名字的影响。研究人员在对2000 年美国总统大选候选人研究后发现，那些姓氏上以字母"B"开头的人更愿意把票投给布什，而那些姓氏以字母"G"开头的人则更愿意把票投给戈尔。

从那之后，我进行了一次额外的实验，这次实验揭示了姓氏在其他方面对你的人生产生的影响。我与《每日电讯报》科学版面编辑罗杰·海菲尔德合作，试图研究那些姓氏首字母排在字母表前面的人，是否要比那些姓氏首字母排在字母表后面的人更成功。换言之，是否名叫阿博特斯（Abbotts）与亚当希思（Adamses）的人要比那些名叫杨格斯（Youngs）与约克斯（Yorks）的人更成功？

我们有理由相信这两者存在着一定的联系。在 2006 年，美国经济学家利兰·安纳夫与里艾特·亚里夫分析了那些在美国著名大学从事经济领域研究的学者的姓氏。结果表明，那些姓氏首字母排在字母表前面的学者，更容易在最受好评的部门里任职，成为计量经济学会的成员，并且最终赢得诺贝尔经济学奖。他们将这一重要的研究发现发表在《经济展望期刊》上，文章表示"字母歧视"可能与学术期刊以姓氏字母的先后来排列论文有关，这意味着那些姓氏首字母排在字母表前面的人，要比其他人更显眼一些。

让我好奇的是，相同的效应是否也发生在经济领域之外？毕竟，无论是在学籍管理、工作面试还是考场上，那些姓氏首字母排在字母表前面的人都习惯性地被安排在先。我们也习惯性地将获胜者排在前面，将失败者放在后面。这些生活中的小细节是否会累积成一种长期的影响呢？

每名参与实验的人都要写出自己的性别、年龄与姓氏，然后评估自己在人生各方面取得成功的程度。研究结果显示，那些姓氏首字母排在字母表前列的人，自我评分要比排在字母表后面的人要高。这种情况在事业方面更加显著，表明了"字母歧视"在职场里同样具有强大的影响力。

到底是什么导致了这种奇怪的效应呢？实验数据中显示的某种模式能为我们提供一个重要的线索。姓氏效应会随着年龄的增长而不断增强，给人留下一种印象，即这并不是孩童成长时期的经历所导致的，而是随着年龄的不断增长慢慢累积下来的。看来，经常看到自己的名字因为姓氏首字母的缘故而排在名单前列或底部，这会对人们看待自身产生重要的影响。这样的研究结果会让那些姓氏首字母排在字母表后面的人感到悲伤吗？而我就姓怀斯曼（Wiseman），有很多次名字被排在名单后列的经历。虽然名字效应在理论上让人担心，但在现实情况下影响却非常小，这多少让我有点安慰。

很多父母为孩子挑了一连串的名字，并不停征求亲戚朋友的意见，但不少人心里还是一团乱麻。到底选一个传统的名字还是更现代的名字呢？让孩子与某位名人同名，这是好的选择吗？给孩子起一个顺口的名字，还是一个与众不同的名字？对于这些困惑，或许心理学能给你一些帮助。

之前的许多研究工作已经表明，要是人们的名字与某些积极的因素存在联系，会让他们在人生中表现得更好一些。比方说，老师更倾向于给那些名字有趣的孩子打高分（比如罗斯）等。很多名字会让人联想到不快事物的大学生，会承受不同程度的社会孤立，而那些姓氏具有消极含义的人［比如 Short（小的）、Little（卑微）、Bent（弯曲的）］更容易产生低人一等的感觉。

我与爱丁堡国际科学研究中心进行合作，想发现 21 世纪有哪些特别成功与具有吸引力的名字。这项研究通过网络在线调查的方式进行，有超过 6000 名网民参与，他们分别说明英国有哪些名字最成功、最具吸引力。调查结果出现了许多强烈的共同倾向。带有皇家味道的传统名字（比如詹姆斯与伊丽莎白）普遍被视为成功且具有智慧的。女性最吸引人的名字一般都是发音听起来比较柔和的，以 "ee" 音结尾的（比如露西与苏菲）。最性感的男性名字则是简短且带有一些短促的发音（比如杰克与莱恩）。而研究同时表明，让人感到最不成功的男女名字分别是布莱恩与丽莎，而乔治与安则被视为最不具有吸引力的男女名字。

这同时也是一个关乎姓氏首字母的问题。正如《怪诞心理学》一书里提到的，加州大学的心理学家尼古拉斯·克里斯坦菲尔德认为，一个人名字的首字母可能关乎生死。在对加州死亡名单里数以百万计的名字进行分析之后，他们发现，那些名字首字母有积极内涵（比如 A.C.E 与 J.O.Y）的人，都要比其他人多活四年半左右，而那些名字里首字母包含消极内涵（比如 P.I.G、B.U.M 与 D.I.E 等）的人，则比一般人少活三年时间。

列夫·尼尔森与约瑟夫·西蒙斯在 2007 年进行的一项全新研究表明，这些影响并不局限于少数名字首字母恰好具有积极或是消极内涵的人。根据他们的研究工作，即便由首字母引申出来的积极或是消极的联想，都足以对当事人的人生带来重要的影响。

在一些情况下，单个字母可能与成功或是失败有联系。也许，这方面最为著名且最重要的，就数考试的打分了。在绝大多数考试里，考得好的人都会得 A 或是 B，成绩排名倒数的学生一般都会得 C 或是 D。尼尔森与西蒙斯好奇的是，若是学生名字的首字母或尾字母与 A 或是 B 一样，是否会无意识地驱使他们在考试中有更好的表现？而那些名字首字母是 C 或 D 的学生，是否就缺少动力去取得好成绩呢？为了查出这一大胆的假设是否成立，尼尔森与西蒙斯分析了一所美国著名大学过去 15 年来学生的平均成绩。研究结果让人吃惊，那些名字以 A 或 B 开头的学生的平均成绩确实高于以 C 或 D 开头的学生。

受到这个研究成果的鼓励，尼尔森与西蒙斯决定将研究重心转向这种效应是否会影响人们的生活。他们认为，如果那些名字以 A 或 B 开头的学生考试时成绩要比名字以 C 或 D 开头的学生好，那么前者可能更容易进入更好的大学深造，从而拥有更成功的事业。为了验证这个假设，他们需要发现一个可搜寻且容量庞大的数据库，里面要包含学生名字的首字母以及他们日后进入的大学。在经过一番艰苦的搜索之后，他们最终找到了最完美的资源——美国律师协会的网络在线数据库。研究团队设置了一个电脑程序，能够对 170 所列入榜单的法学院学生的首字母进行搜索，同时还借助美国《新闻世界报道》提供的排名信息，对包含 40 多万名律师的数据库进行搜寻。尼尔森与西蒙斯终于找到了他们想要的答案。随着大学的排名不断下降，这些学校里毕业的学生名字首字母包含 A 或 B 的比例也在下降。他们在研究报告的结尾处写道："看来，相较于那些名字为切斯特（Chester）与德怀特（Dwight）的学生，诸如阿德莱（Adlai）与比尔（Bill）等名字的学生进入一流法学院的概率更大。" ■

用行动转化"能量"
如何给孩子取个好名字

　　研究表明，姓氏首字母在字母表靠前的人，往往要比那些姓氏首字母在字母表靠后的人更成功。显然，选择一个更具成功潜质的姓氏是受限的，除非你准备改姓。如果你是一位女性的话，可以嫁给一位姓氏在字母表中靠前的男性。但是，在为孩子取名这个问题上，研究结果可以帮你一些忙。那些带有积极含义、能够跟皇家有关联或是听起来特别具有吸引力的名字都是不错的选择。最后，千万不能低估名字首字母的巨大影响力，要尽量避免选一些带有消极含义的首字母，让你的孩子名字以 A 或 B 开头，从而帮助他日后在考试中有不错的成绩。■

慎用赞美

几乎每一本教育孩子的手册都会提倡赞美。一些自我激励大师也表示，你对孩子所能做的最好的事就是持续地给予赞美，从而帮助他树立自尊。当你的孩子通过考试后，记得称赞他是多么聪明。当他创作出一幅不错的画作时，要赞美他所具有的艺术才华。当他在足球比赛进球了或是赢得赛跑比赛，赞美他所具有的运动天赋。等等。按照很多专家的说法，若是使用这种方法，我们就能消除一些负面因素的影响，更专注于孩子取得的哪怕是最微小的成功。

这种思想非常符合人类的直觉。不断告诉孩子他们有多优秀，那么他们在成长过程中就能成为更自信与幸福的人。这个理论到目前为止，一切都还顺利。但是，这种对人性心理乌托邦式的观点存在着一个小问题。研究结果表明，赞美孩子的聪明与才华，是非常糟糕的做法。

在20世纪90年代末，哥伦比亚大学的心理学家克劳迪娅·米勒与卡洛·德威克就赞美心理学进行了一次较大规模的研究。他们的实验涉及400多名年龄在10岁到12岁的孩子，他们来自不同的种族与社会经济背景。研究人员要求孩子们接受一次智力测试，孩子需要观察一排排的图形，然后运用逻辑思维，判断每个系列里下一个图形会是什么形状。

在他们完成测试后，研究人员将他们的作业本拿走，计算出他们的得分，但却不按真实的分数给孩子反馈。研究人员解释说，每个孩子都做得很不错，正确地解决了 80% 的问题。

在给予这些反馈之余，一组孩子被告知他们天赋非常高，因为解出了许多难题。同时，研究人员用石头般的沉默去面对第二组孩子。按照那些提倡赞美具有积极作用的专家的说法，只需花几秒钟去赞美孩子所具有的能力，就能对他们产生重要的影响。研究结果表明，这些专家是正确的，但却没有按照他们预期的方向那样正确下去。

在该实验的下一步里，研究人员告诉孩子，他们可以从两项任务中选一项去做，其中一项任务比较难，他们可能无法成功，但是即便失败了，也能从中得到锻炼与学习。与此相反，另一项任务比较容易，但却无法学到很多东西。在之前被研究人员告知他们天生聪明的学生里，大约有 65% 的孩子选择了容易的任务，而没有得到赞美的孩子比例仅为 45%。对于那些崇尚"赞美效应"的人来说，这绝非他们想要的好消息。但是，更糟糕的情形还在后面。

在实验的下一个阶段，研究人员让孩子去解决一些字谜。这一次，解答字谜的难度要比之前的问题大得多，因此绝大多数孩子表现得都不是特别好。之后，研究人员要求所有的孩子评价他们是否从解答字谜的过程中体验到乐趣，是否愿意在家继续解谜。两个小组的孩子的回答天差地别。那些之前得到赞美的孩子表示，解答字谜让他们觉得很无趣，因此他们不愿意再浪费自己的时间。

对那些崇尚赞美效应的专家来说，更糟糕的情形在最后一部分。在孩子们挣扎着解答困难字谜的过程中，研究人员要求他们进行最后一次实验。最后一组的字谜其实与孩子们在实验一开始接受的任务难度是一样的。虽然两组的孩子在实验一开始都取得了大致相同的分数，但他们在最后一次测验的表现却非常不同。测验结果得出的模式与很多自我激励专家预测的完全相反。那些一开始被研究人员赞美天生聪慧的孩子的得分要远低于另一组。

为什么赞美会得到违反直觉且具有破坏力的影响呢？根据米勒与德威克的说法，其中几种因素起到了推波助澜的作用。告诉孩子他们天生聪明，可能会让他们感觉良好，但这同时会让他们产生一种畏惧失败的心理，导致他们尽量避免挑战，因为他们担心如果自己无法取得成功，会非常难堪。除此之外，赞美孩子天生聪明，这无形中给了孩子这样的暗示，即他们并不需要努力工作，就能有良好的表现。正因为如此，这些得到赞美的孩子可能没有足够的动力去做实质性的努力。遗憾的是，如果他们接下来得到较低的分数，会让他们彻底失去前进的动力，内心产生一种无助、绝望的感觉。毕竟，低分意味着他们并不如别人赞美的那般聪明，而他们对此也无能为力。糟糕的结果带来的心理影响绝对不能低估。在米勒与德威克实验的某个阶段，他们要求孩子告诉同学自己在解决困难字谜时的得分。几乎 40% 之前得到过赞美的学生会夸大自己的分数，而之前未获赞美的学生其比例却只有 10%。

这是否意味着所有的赞美都会带来糟糕的结果呢？到目前为止，我只讲述了米勒与德威克的三组实验中两组实验的结果。在孩子们一开始得到"做得好，你们答对了 80% 的题目"的反馈之后，第三组的学生同时也得到了一句话的赞美。只不过，研究人员这一次赞美了这些学生付出的努力，而不是他们天生的能力。与前面两组孩子相比，得到这些赞美的孩子有着不同的表现。在选择具有挑战性与简单容易的任务时，只有 10% 的孩子选择了容易的任务。相较那些被赞美天生聪明或根本没得到任何赞美的学生，这些得到"你肯定付出了许多努力"赞美的学生认为，解决困难的问题会更有趣，并且更愿意利用自己的时间去解答它们。在做最后一套容易的测验时，这组孩子的得分要比第一次明显高出许多。

研究结果表明，赞美别人付出的努力与赞美别人天生的能力迥然不同。根据米勒与德威克的说法，那些被别人赞美"付出了许多努力，才能取得这么好的成绩"的孩子更愿意在不理会后果的情形下大胆尝试，不会因为失败的恐惧而选择逃避。因此，他们想要学习更多知识的渴望就会压过他们获得低分时的恐惧，他们也更愿意去做一些具有挑战性的工作。当然，这些孩子在日后面对各种测验的时候，都会产生更努力去尝试的动力，因此也更有取得成功的可能。即便他们在未来的测验里遭遇失败，也会轻易地将自己的低分归结为不够努力，从而避免了获得低分时产生的那种无助与绝望感。■

用行动转化"能量"
赞美的技巧

　　为了让孩子感觉良好，我们很容易陷入赞美他们的天赋与能力的陷阱。但是，研究结果表明，这样的赞美会产生负面的影响。赞美更应该专注于孩子付出的努力上。比方说，当你的女儿在考试中取得了不错的成绩，你可以表扬她付出了多大努力，说她安排学习时间非常妥当，应该是克服了很大的压力，才表现得如此良好。与此类似，当你的儿子在学校足球队里成为主力队员，你可以表扬他，说这是他努力训练与其他队员共同合作的结果。这种类型的赞美会鼓励孩子们面对失败时继续努力，展现出坚忍与达观的品质。为了让孩子保持专注，你可以就孩子使用过的一些方法或是策略提出反思性的问题，比如，"你最喜欢哪些部分呢"或是"你如何应对出现的问题呢"，然后你要尽可能地给予孩子具体的表扬，比如"你今天在足球场上表现不错"，而不要说"你天生就很会踢足球"。■

自控力的奥秘

首先，让我们进行一场快速思维实验。试想一下，你已经决定在一间高端咖啡屋里坐上一个多小时。你走进咖啡屋，看到名单上列着一连串诱人可口的蛋糕与油酥点心的名称。当然，这些蛋糕或点心的分量不多，但口感非常好。你浏览一遍点心名单，然后选择最喜欢的一款——这也许是一个美味的奶酪蛋糕，或者好吃的曲奇饼。接下来，试想一下，你在下单的时候，侍者递过来一个分量不大却极为符合你口味的甜点。想象这个甜点就摆在你的餐桌前，让你垂涎欲滴。正当你准备好好品尝的时候，侍者对你说，咖啡屋今天正在搞优惠活动，你可以马上吃掉这份甜点，或是等待 30 分钟，以一份的价格享用双份的甜点。你会怎么做呢？你选择等半小时，多获得一份甜点，还是没等侍者把话说完就将甜点吞进肚子呢？

20 世纪 60 年代末，斯坦福大学的心理学家沃尔特·米舍尔进行了一场震撼世人的实验。该实验就是按照上述想象的真实版本进行的。米舍尔与他的团队购买了一大袋棉花糖与一个铃，然后前往当地的一所学校，让四岁左右的孩子面临一个艰难选择的局面。一位研究人员请一些孩子进入一个房间，然后告诉他们桌子上摆放着一块棉花糖、一个铃，接着又放了两块棉花糖。然后，研究人员向孩子们解释说，他们必须要出房间几分钟，如果孩子们不去拿桌子上的棉花糖，一直等到研究人员回来的话，那么他们就能吃到两块棉花糖。研究人员同时还解释说，孩子们可以随时摇铃，研究人员就会马上回来，但如果是这样的话，摇铃的孩子只能得到一块棉花糖。

每个孩子都面对着与你刚才在甜点问题上相似的困境。要是你摇铃就只能得到一块棉花糖，多等一会儿就能得到两块棉花糖。这种让人迷惑的实验能够精确地衡量每个孩子的自律水平。大约三分之一的孩子选择立即摇铃，拿一块棉花糖，另外三分之一的孩子稍微忍耐了一下，然后也摇了铃。最后三分之一的孩子则一直等到研究人员回来，得到了两块棉花糖。

米舍尔不仅只对那些能够抵御诱惑的孩子所占的比例感兴趣，与那些通过等待而获得两块棉花糖的孩子一样，他想要通过长远的研究去进行一次真正让人印象深刻的研究。十年后，米舍尔尽可能多地联系了当年参加棉花糖实验的孩子的父母。他向这些父母询问，之前的那些孩子（现在已经是青少年了）的现状。他们通常会提前做好计划吗？他们在事情变得困难时，是否很容易产生放弃的念头？十年前进行的棉花糖与铃的实验，在十年后被证明具有惊人的预测性。那些等待研究人员回来、拿到两块棉花糖的孩子，现在基本上都变成能自我激励、做事有条理的少年，并且善于处理困难，在失败面前能做到坚韧不拔。与此相反，那些当年立即去拿棉花糖的孩子，缺乏前进的动力，做事缺乏条理与规划。米舍尔的研究结果还表明，早年形成的这种能力会一直持续到成年阶段，几乎不会有什么变化。同时，大部分想要立即吃掉棉花糖的孩子，长大后还是跟小时候一样，连几分钟的时间都不愿意等待，只想立即得到他们想要的东西。

棉花糖的测验能够衡量孩子们的冲动程度，其他的研究人员更关注孩子在聆听指令、保持专注以及去做别人要求他们完成的事情方面的自控力。俄勒冈州立大学的心理学家梅根·麦克莱兰与同事进行了一些研究，他们邀请了数百名年龄在四到五岁的孩子，玩一个"从头到脚"的游戏。在游戏过程中，研究人员会说"摸你的头"或是"摸你的脚趾"。在孩子们听到"摸你的头"时，要用手去摸脚趾，而听到"摸你的脚趾"时要去摸自己的头。和棉花糖测验预测孩子们在未来能否取得成功一样，"从头到脚"游戏能很好地衡量孩子们的自控力，而自控水平对于孩子日后实现目标与梦想极为重要。有研究表明，学生的自控水平要比他们的智力测试成绩更能预测其日后的成就。若是将研究的场景从教室转移出去，那些在面对美味蛋糕能抵抗住诱惑的人，会很快地减肥。那些能忍受学业痛苦的学生，能在考试中有不错的表现。而那些愿意花更多时间进行训练的运动员，当然也能赢得更多的奖牌。

如果你刚好发现自己与一个正挣扎学习这些技能的孩子在一起，该用什么方法才能帮助他控制自身的冲动，做出恰当的行为呢？比方说，到底是唱红脸（"亲爱的宝贝，你可以只玩 30 分钟的电脑吗？"）还是唱白脸（"如果你现在不离开电脑，我就没收你的鼠标。"）更好一些呢？

在 20 世纪 60 年代中期，斯坦福大学的心理学家乔纳森·弗里德曼就这个问题进行了一次实验。他邀请了 40 名男孩，年龄在 7 岁到 10 岁之间，他们都在加州当地的小学就读。研究人员将男孩们带到一个房间，然后要求男孩对分配给他们的玩具按照零分（非常非常不好玩）到一百分（非常非常好玩）进行打分。其中，四个玩具都很普通：一个廉价的塑胶潜水艇、一个棒球手套、一个拖拉机玩具以及电影《至尊神探》里的来复枪模型。与此相反，第五个玩具非常昂贵且让人兴奋。它是一个电池控制的机器人，代表着 20 世纪 60 年代科技发展的一个高峰。

在男孩们对这些玩具打完分之后，研究人员向他们解释说，他现在有事要离开房间几分钟。他临走前对男孩们说，他们可以自由地玩那四个玩具，但不能碰那个机器人。其中一半的男孩被告知，如果他们不遵守研究人员的警告的话后果将会很严重（"如果你们碰那个机器人，我会非常愤怒，并将采取一些行动。"），而另一半男孩则被温柔相待（"不要玩那个玩具，那样做是不对的。"）。接着，研究人员离开了房间，男孩们用渴盼的眼神看着那个机器人玩具，它似乎在发出"快点过来跟我玩啊"的邀请。大约五分钟后，研究人员回来了，感谢男孩们的积极配合，然后让他们离开房间。

这些男孩屈服于这样的诱惑了吗？为了探寻结果，研究人员在机器人玩具里装了一个特别的装置，能够检测它是否被男孩们玩过。数据显示，只有两个男孩有足够的自控力，没有去碰机器人玩具。其中一个男孩来自被严厉警告的那一组，而另一个男孩来自被"柔和"口气告知的那一组。当研究人员离开房间，没有在现场监督时，唱红脸与唱白脸效果都不好。

但是，弗里德曼并不期望两种方法在短期内获得真正意义上的变化。他更加关注在一段相对长时间内所出现的差异。大约六周之后，他派一位女性研究人员回到之前的学校，用相同的玩具去进行一场不同的实验。研究人员将之前的每个男孩都请入房间，然后要求他们画一幅画。此时，与之前一样的玩具被放在房间的一个角落里。当孩子们完成了画作后，研究人员向他们解释说，他们现在可以拿这些玩具玩几分钟。这一次，研究人员并没有限制男孩们不可以玩哪些玩具。此时，两组男孩在选择玩具上出现了明显的差异。在之前被训诫的那一组里，77%的男孩都会选择去玩机器人，而之前得到"柔和"告知的那一组，只有33%的男孩选择了机器人。实验结果让人吃惊。几周前告诫方式的差异，能对男孩们之后的行为产生重要的影响，得到"柔和"提示的那一组男孩，明显表现得更顺从一些。

为何会出现这样的差异呢？这有几种可能的解释。按照一些研究人员的看法，这与人们在遇到威胁时做出的反馈行为有关。正常来说，人们只有当别人不希望他们做某些事情时，才会受到威胁。要是他们越想去做某些事，所受的威胁就越大。若是按照这种观点，那些听到研究人员发出强烈警告的男孩就会下意识地认为："哇，大人只有在不希望我做想做的事情时才发出那样的警告，看来，我真是很想玩那个机器人了。"运用相同的逻辑，当研究人员用相对平静的口气告知另一组男孩时，就会让他们下意识地说服自己，即他们其实并不是很想玩那个机器人。

其他的研究人员则认为，威胁话语能够立即将机器人变为"禁果"，从而唤醒我们要去做某些不被允许的事情的根深蒂固的倾向。虽然学术界就这种倾向是受到好奇心、顽固或是叛逆心的驱动莫衷一是，但是所有人都同意，这种心理效应是强大且真实的，能够解释为什么禁止青少年吸烟、喝酒与超速驾驶，反而会起到火上浇油的效果。

　　在关于自律的秘密科学里，我们可以看到这样的一个事实，即一些孩子天生具有某种控制自身冲动的能力，而其他的孩子则很难抵抗即时满足的诱惑。为了增强那些立即拿走一个棉花糖，而不是等待一下拿到两个棉花糖的孩子的自律，显然，我们发出的威胁越小，那么起到的效果就会越明显。

用行动转化"能量"
棉花糖测验

棉花糖测验可以很轻易地运用在你的孩子及朋友身上。找一种他们想要的食物,然后告诉他们,现在吃只能吃一小口,如果他们能坐下来等十分钟,就能吃到更多。如果你想进行这种迅速且有趣的评估,就要确保你的实验对象能够在整个实验过程中都可以看到小分量与大分量的食物。米舍尔的研究表明,当人们持续地看到他们心爱的食物而备受诱惑时,实验效果最理想。

手脚游戏

在进行这种游戏的时候,孩子们在听到"摸你的头"时,就要用手摸他们的脚趾,反之亦然。在进行这个游戏的时候,你可以向你的孩子解释游戏规则,让他们事先进行一些训练。然后,你可以随意地说出"摸你的头"或是"摸你的脚趾"等话语,如果孩子能迅速做对动作,就可以给他加两分,如果他们停顿一下又迅速纠正,就能得一分,若是他们做了错误的举动,就得零分。你可以进行十次这样的训练,然后看看他们的得分。一般来说,三岁大的孩子一般会得 3 分,四岁大的孩子会得 10 分,而五岁的孩子则会得 14 分。如果你的孩子得分没有在此范围之内,千万不要担心。孩子们得多少分其实都是正常的,但是较低的分数意味着他们需要从下面提到的方法中得到一些帮助。

专注于焦点

许多研究表明，玩某些类型的游戏，有助于孩子们学会集中注意力，遵循指引以及培养自控力。在玩"冰冻游戏"的时候，你可以让孩子随着音乐跳舞，一旦音乐停止就要停下来。在该游戏的第一部分，孩子听到慢歌时跳舞节奏也要慢，听到快歌时节奏就要加快。然而，一旦他们掌握了这个阶段的动作要求，你可以要求他们反着来做，听到慢歌时跳节奏快的舞步，听到快歌时节奏放慢。在一个名为"指挥交响乐"的相似训练里，你可以给孩子任何乐器，然后你用一根临时指挥棒去指挥他们演奏音乐。在该游戏的第一部分，你要对孩子说，当你挥舞指挥棒时，他们才能演奏，而一旦你将指挥棒放下，他们就要停止。接着，你可以对他们说，当你加速或是放缓挥舞指挥棒的时候，他们也要随之加速或是放缓演奏的速度。最后，你要求孩子反着做，即当你快速挥舞指挥棒时他们慢慢演奏，缓慢挥舞指挥棒时他们要加速演奏。

还有其他一些游戏可以帮助孩子们理解、重视与培养自控的价值。你可以要求孩子用他们非惯用手去写名字，按照相反的顺序复述一年十二个月以及一个星期七天的名称，或是让他们在30秒之内，按照某种标准尽可能地对一些物体进行命名（比如蔬菜、宠物与国家等）。还有，当你看到孩子很难专注于某些事情的时候，可以鼓励他反思自己的行为，比方说，询问他们认为自己专注了多长时间（指出当你专注于某样东西时，时间过得很快），或是询问当某人打断他们正在专注的事情时有什么感受（指出当某人打断你之后，重新专注于某项工作的重要价值）。

避免使用各种威胁的方式

威胁警告可能在短期内取得不错的效果，但从长远来看，可能会适得其反。如果你恐吓孩子做某些事情可能会带来糟糕的结果，这反而会让他们觉得事情更有吸引力。相反，你可以像机器人玩具实验里的研究人员那样，采取"柔和"的方式告知，心平气和地对他们说你不希望他们做某些事。如果他们想要知道你为何阻止，可以试着让他们去理解其中的一些缘由。■

第十章 创意

Chapter 10

打破"头脑风暴"的创新神话
如何唤醒你内心的"达·芬奇"
你只需躺下来，就能增加 10% 的创意
在你的桌面上放一盆绿色植物

在 20 世纪 40 年代初期，广告主管亚历克斯·奥斯本就认为，若是将一群人聚集在一个房间，让他们遵照一套简单的法则，比方说尽可能鼓励他们提出天马行空的想法，又不能指责或是评价别人的见解，这可能有助于增强人们的创造力。奥斯本认为："一般人在以团队的方式进行思考时，想出的创意要比独立思考多两倍。"当然，他提出的"头脑风暴"不出意外地在很短时间风靡世界。多年来，世界各地的许多组织与公司都鼓励员工利用"头脑风暴"去解决难题。

为了检验团队头脑风暴的效果，研究人员需要克服重重挑战。在一场具有代表性的实验里，参与者以一个团队的形式出现。研究人员以随机的方式将一半的参与者放入了"相互协作"的团队里，他们要遵守一些标准的头脑风暴准则，必须要想出解决某个特定问题的办法（比如想出一个全新的广告口号、思考如何解决交通拥堵）。另一半的参与者则坐在一个相互隔离的房间里，也得到了完全相同的任务，他们需要独立思考解决问题的办法。接着，研究人员计算在不同情境下参与者想出解决办法的数量，然后请专家评估这些解决办法的质量。那么，团队的头脑风暴是否要比每个个体独立思考更高效呢？很多科学家对此持不同的意见。比方说，坎特伯雷肯特大学的心理学家布莱恩·穆伦与他的同事就对20个检验头脑风暴是否高效的实验进行了分析，他们惊讶地发现，在绝大多数这样的实验里，参与者单独思考要比头脑风暴想出的解决办法更多且更有质量。

其他的研究也显示，团队头脑风暴之所以失效，部分源于某种"社会惰性"在作怪。在19世纪80年代末，一位名叫马克思·格林曼的法国农业工程师对如何尽可能让工人变得高效这个研究非常着迷。在进行了数以百计的实验后，他无意中发现了一种意外的效应，这个发现影响了接下来一个世纪的心理学研究。在一个实验中，格林曼要求参与者一起用力拉绳索，以吊起非常沉重的物体。格林曼原以为参与者以团队的方式工作，必然要比每个人单独工作时更卖力，这样的想法是很合理的。但是，研究结果却截然相反。当参与者单独工作时，一个人能够吊起185磅重的物体，但是他们团队合作时，平均每个人却只能吊起140磅重的物体。这很大程度是因为团队协作导致责任被分散了。当人们独自工作时，他们的成败完全是自身能力与努力的结果。如果他们做得好，那么光荣属于自己；如果他们失败，自己也是唯一需要负责的人。团队协作后，每个人都不再像之前那么努力。他们知道，如果团队做得好，个人也不会得到奖赏；如果团队表现糟糕，那么他们也有理由推卸责任。

　　研究发现，这种现象会出现在很多情境里。比如，要求参与者尽可能地制造噪声，他们在独立操作时要比以团队的方式操作效果更好；要求参与者添加数字列，参与的人数越多，工作效率就越低；要求参与者思考解决某个问题的方法时，人数越多，创造性的想法就越难以产生。这是一种普遍性的现象，可以从世界各地的心理学实验里得到证实（包括美国、印度、泰国与日本）。

　　简而言之，现在很多研究机构都认为，在过去七十年里，那些运用头脑风暴去思考解决方法的人可能是在扼杀而非鼓励个人的创造力。当他们以团队的方式合作，可能无法有足够的时间与精力进行创意尝试，而会将更多时间消耗在推卸责任上。

　　因此，要激发创造力，是否摆脱团队就会更好呢？不是的。事实上，其他的研究显示，如果你真想激发内心的"达·芬奇"，可以选择几种迅速有效的方法。你需要做的只是浏览某种类型的现代绘画、把工作放下、什么事情也不做，或是将一盆植物放在你的桌子上。■

　　心理学家研究了许多种奇怪且有趣的方法去测验人们的创造力。比如，研究人员递给参与者一个回形针，然后限定他们在几分钟内想出尽可能多的用途。或者，参与者得到一支铅笔与一张上面画着方格网的纸，然后让每一个方格都变成一个不同的物体（可以是电视、鱼缸、书籍等）。在这两个实验里，参与者给予的反馈数量将会被记录下来，专家也会对他们表现出来的创造力进行评估，然后与其他参与者进行对比。研究人员发现，使用各种类型的视觉与横向思维会更具创造力。你可以回答下面这些问题，测验一下自己的创造力。

　　1. 你能够在下面这个等式里加上一条线，使之成立吗？（这里有一个规则，你不能将这条线使用在等号上，比如 $\neq$，从而将等号变成不等号。）

　　10 10 11 = 10 : 50

　　2. 乔娜与杰克都是同年同月同日生，他们有共同的父亲与母亲，但他们却不是双胞胎，为什么会这样呢？

　　3. 一个男人在一座城镇与20个不同的女性共同举行过婚礼，这些女性全部都还活着，他也没有与这些女性中的任何一个离过婚。大家都知道，一夫多妻是违法的，但他却没有违法，这是怎么回事呢？

4. 一个男人走进一家古董店，拿出了一枚漂亮的铜币。这枚铜币的一面雕刻着罗马皇帝的头像，另一面则写着公元前500年。古董店的老板立即知道这枚铜币不是在公元前500年制造的。为什么？

答案

1. 这是一道关于时间的问题。当你在第二个"1"上加一条短线，就能将数字"10"变成一个单词"TO"。此时，等式就变成了"还差十分钟到十一点"，也就是十点五十分。

10 TO 11 = 10∶50

2. 乔娜与杰克是三胞胎之中的两个。

3. 这个男人是牧师，他主持了这些女人的婚礼。

4. 因为公元前500年早于耶稣诞生日。因此，这枚铜币绝不会雕刻着"公元前500年"的字样。■

聆听那个"安静的家伙"

超现实主义者萨尔瓦多·达利有时会利用一种有趣的方法找寻绘画灵感。他会躺在沙发上，将一个杯子放在地板上。然后，他会小心地将汤勺的一端放在杯子的边缘，然后轻轻地用手抓住汤勺的另一端。当他打瞌睡的时候，一松手汤勺就掉下来，它撞击杯子的声音就会将他吵醒。接着，他会立即将自己在半睡半醒时闪过脑海的画面描摹出来。鉴于他的许多作品表现出来的超现实性（参看他的作品《龙虾电话》），就可知这种方法并不适合所有人，但却说明潜意识是进行创造性活动的源泉。

事实上，一些研究显示，当我们需要用创新思维看待世界的时候，潜意识比你想象的更强大。

德州农工大学的史蒂芬·史密斯进行了一次简单的实验。参与者需要猜一些字谜，这些字谜的答案都是常用的词语，他们需要尽可能多地解答出这些字谜。比如，研究人员会让参与者对下面这些字谜进行解答。

YOU JUST ME

答案是"just between you and me"。现在你知道怎么玩了，你可以试试下面三个例子：

SALE SALE SALE SALE

STAND

I

BRO KEN

答案是"for sale ""I understand"与"broken in half "。在史密斯的实验里，如果一个字谜无法得到解答，那么志愿者可以休息15分钟，然后试着再次解答。超过三分之一的字谜会在参与者的第二次尝试里被解出。在参与者放松的时候，他们的潜意识找到了全新的视角。

最近的研究表明，你甚至不必耗费15分钟去思考解决一个问题，只要休息几分钟，就能取得同样的效果。

阿姆斯特丹大学的心理学家雅普·狄克斯特霍伊斯与托恩·梅鲁斯就创造性思维与潜意识的关联性进行了一系列让人着迷的实验。

他们认为，潜意识与创造力的本质都很容易理解。想象两个人在一个房间，其中一个人具有创造力但却很害羞，另一人很聪明但却缺乏创造力，而且行为专横跋扈。现在，想象你进入这个房间，要求他们为一种全新的巧克力想出一句广告口号。可以预见的是，那位说话大声却缺乏创造力的人必然主导整个谈话。他不会让那个安静的人发表意见，虽然他的想法还不错，但却缺乏创意。

现在，让我们试想一个不同的场景。你走进一个房间，要求他们想出广告词。不过，你这次让那位说话大声的人看一部电影，分散他的注意力。在这种情况下，那位安静的人才能将自己的想法表达出来，你也因此收获更具创意的观点。从很多方面来讲，这是对你的心智与创造性思维之间关系的一个类比。那位安静的人代表着你的潜意识思维，他能想出许多神奇的想法，但是他发出的声音很难被我们听到。那位说话大声的人代表着你的意识思维——他虽然很聪明，但却缺乏创造力，你是很难摆脱掉他的。

　　雅普·狄克斯特霍伊斯进行了一系列的实验，想要了解人们在意识思维处于一种分心状态时，是否会变得更具创造力。在他最著名的一个实验里，研究人员要求志愿者为意大利面想出更具创造性的新名称。为了帮助他们，研究人员一开始提供了五个全新的名字作为参考，这些名字都以字母"i"结束，因此这听起来就是与意大利面相关的。其中一组参与者有三分钟的思考时间，然后就要列举出这些名字。与"房间里的两个人"的例子一样，这些参与者都会聆听那位说话大声的人，而不是大脑里那位具有创意但却安静的人。研究人员要求另一组参与者忘记给意大利面取名字这回事，让他们在接下来的三分钟里完成一些具有挑战性的任务——比如在电脑屏幕上玩"贪吃蛇"的游戏，或是在它变色的时候点击空格键。以"房间里两个人"做比喻，这样做是为了分散那位说话大声的人的注意力，从而让那个安静的人有机会表达自己的想法。在完成这些有难度且需要专注力的任务之后，研究人员要求参与者为意大利面取一些全新的名字。

　　研究人员想出了一个简单、符合常识且具有创造性的方法，用来决定参与者想出的意大利面名字究竟有没有创意。他们对所有名字进行了筛选，仔细地分析每个名字是否以字母"i"结尾。因为研究人员一开始举出的五个名字都是以字母"i"结尾的，若是参与者想出的名字以"i"结尾的话，就说明他们只是从众，缺乏创造力，而那些以其他字母结尾的名字则相对更有创意。

　　研究的结果很有趣。相较那些在电脑屏幕上玩"贪吃蛇"游戏的参与者，有意识地进行思考的参与者想出了更多以"i"字母结尾的名字。与此形成鲜明对比的是，当研究人员对所有没有以字母"i"结尾的名字进行计算，发现玩游戏的一组人想出的名字数量是另一组人的两倍之多。

　　这些惊人的发现让我们对创造力与潜意识之间的关系有了深刻的洞察。那些玩"贪吃蛇"游戏的参与者觉得他们的注意力都完全集中在电脑屏幕上出现的每个点上。但是，他们的潜意识却依然在努力思考之前所面临的问题。更为重要的是，潜意识的工作方式并不是意识思维的一种复制，而是能够以不同的方式去进行思考，因而也更具创造性。潜意识思考能让我们找寻事物的全新联系，激发出真正具有创造性的思想。

　　很多针对创造性思维的标准测试都强调了放松所带来的价值。他们要求人们要放松心态，清空大脑里的所有思想。荷兰的研究人员通过实验发现，事实恰恰相反。真正的创造性活动需要我们不过分专注于意识思维，从而让意识思维不干扰潜意识的运作。每个人都能变得更具创造性——只要将你大脑里那个说话大声的人变得安静，让那个安静的家伙有发言的机会。■

用行动转化"能量"
学会创造性的方法

当你下次想找寻解决问题的创造性方法时，可以尝试下面的技巧，看看你的大脑会出现什么创意。如果找寻单词的字谜并不适合你，你可以尝试难度更大的纵横字谜、数独或是其他能让你的意识思维处于专注状态的事情。

A：你要解决什么问题呢？

B：你要在下面这个网格里找出十个目标词语。这些词语可以横着找、竖着找或是斜着找，也可以顺着找或是倒着找。词与词之间还允许有重叠的地方。

目标单词：SIXTY、SECONDS、CREATIVITY、BOOST、QUICK、RAPID、THINK、CHANGE、NEW、FRESH

Y	V	S	N	S	H	Y	E	X
T	F	R	E	S	H	E	S	D
I	S	Q	H	D	G	T	I	A
V	E	R	A	N	S	S	F	Y
I	T	E	A	O	Q	E	T	T
T	T	H	O	C	U	X	H	O
A	C	B	E	E	I	C	I	N
E	H	I	Q	S	C	H	N	I
R	A	P	I	D	K	E	K	A
C	S	I	T	Q	W	T	T	B

C：现在，你不需要想太多，请写出你脑海里出现的各种想法和可能性。

答案：

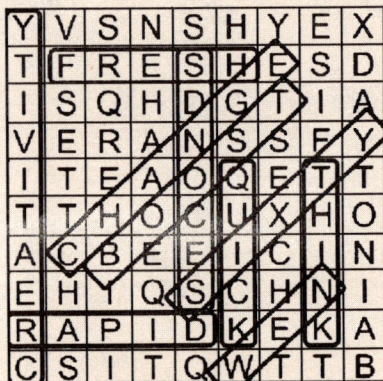

【心理学链接：了解你内心的"大猩猩"】

几年前，我写了一本关于创造性思维的书《你能看见大猩猩吗？》。该书提出了四种帮助人们反常规思考的方式：

预先准备

让你的心智专注于某个问题，但同时让自己去做一些完全不相关的事情，从而让大脑放松。在此期间，你可以去参观博物馆或是艺术画廊，也可以搭乘火车或是汽车去游玩，浏览一下杂志与报纸，或是随机地进行网络搜索。但是，这个过程不能太赶，你只需让自己沉浸在一些全新的想法与体验中，让大脑去找寻其中的关联，从而创造出一些看似偶然发现的创意。

转换视角

改变你看问题的视角能帮助你找寻到解决问题的全新办法。你可以试着想象一个孩子、傻瓜、朋友、艺术家或是会计会如何面对这个问题。在不同的情境下，问题应该怎样被解决呢？最后，你可以思考与目前所想的完全相悖的方法。

玩耍

当你以过分严肃认真的态度去看待事情的时候，大脑就会处于一种受限的状态。你可以通过找寻一些乐趣，释放你的创造性。你可以休息 15 分钟，或是看一部有趣的电影，或是用电脑软件将同事的照片 PS 成猫头鹰的模样。

感知

当你对身边的世界过于熟悉的时候，大脑就会进入一种"自动巡航"的状态，让你的双眼无法看到身边美好的事物。你可以试着通过对身边的世界抱着一种好奇的态度，将心灵运转的方式调到"手动挡"。你每一周都可以询问自己一个有趣的问题。大象是怎样在相隔数百里的情况下进行沟通的？人为什么会笑呢？为什么香蕉是黄色的呢？你要投入一些时间与精力去寻找答案，即便这只是为了找乐子。■

自然的呼唤

1948 年，乔治·德·麦斯德欧在他的祖国瑞士的乡村散步。他回到家后，发现衣服上覆盖着一些细小的芒刺。他一根根地将芒刺从衣服上拔下来，这个恼人的工作让他决心找出这些芒刺沾在衣服上的原因。在进行了一番认真细致的观察后，他发现芒刺上有一个极为细小的挂钩，这让它们很容易勾在织物上。受到这个观察的启发，德·麦斯德欧最终发明了维克牢尼龙搭扣。

德·麦斯德欧的故事经常被人引用，用来说明创造性思维的一个最重要的法则：在某个场景下想出的思想或是技能是可以"迁移"的。当然，这样的法则似乎能解释很多具有开创性的思想，包括弗兰克·劳埃德·莱特通过观察人们在祈祷时的手形，从而想出了设计教堂顶端的方案。不过，还有另外一个隐藏着的却同样重要的因素在发挥作用。

很多研究都检验了自然环境对人们的思考与行为的影响。研究结果表明，即便是一小盆植物都会对我们想要创造一个更美好的世界的想法意义重大。当病人们能从病床边看到树木，他们的康复率会大大提升。当犯人在铁窗里能眺望到农田或是森林，他们的身体也要比其他无法看到这些景色的犯人更健康。这些影响并不局限于犯人与病人，而可以拓展到所有人身上。还有一个研究考察了绿色植物与犯罪之间的关系，最为典型的一项实验中，研究人员将专注力集中在芝加哥一个大型公共住房的发展工程上。这个发展工程之所以吸引研究人员，主要有两个原因。第一，该工程的一部分区域种植着相对较多的灌木丛与树木，而其他的区域则只有钢筋混凝土。第二，在进行研究之前，这些居民都是通过随机的方式分配得到住房的，从而保证了这两个不同区域的犯罪率不取决于收入、背景或是其他因素。该研究取得了让人印象深刻的结果。相较那些只能看到钢筋混凝土的住所，那些开窗就能看到绿植的住所的偷窃犯罪率要低48%，暴力犯罪率要低52%。研究人员认为，绿色植物会让人们处于良好的情绪之中，让他们不愿意去实施犯罪行为。

绿色植物似乎能够以相同的方式减少反社会的行为，还能让人们变得更具创造性。

在一系列的实验里，日本的心理学家柴田征二与铃木直人要求人们在精心设计过的办公室环境里进行各种不同的创造性训练。在一次实验里，一些办公室在参与者的前方或侧方摆放一盆绿色植物。与此同时，另一些办公室则什么都没有放。在另一场研究里，研究人员仔细分析了用类似大小的杂志架去替代绿色植物，看看会取得什么效果。经过多次的实验，结果发现在办公室里多放一盆植物，能够神奇地增强人们的创造性。人工研究的结果似乎能在更符合现实的场景下得到验证。德州农工大学的心理学家罗伯特·乌尔里希对办公室创造力进行了一次为期八个月的研究，结果显示，若是在办公室里多添加一盆植物，会让男性员工多想出15%的创意，在帮助解决女同事提出的问题时显得更加灵活。

在另一次实验里，研究人员发现，孩子们若是在到处都有绿色植物的庭院里玩耍，要比他们在光秃秃的户外更能产生创造性的想法。

　　为什么稍微与自然相关的事物都能带来这样的影响呢？根据一些理论学家的说法，原因可以追溯到数千年前。进化心理学家认为，生活在有着树木与绿植的环境里，人类原始的安定感会被激发，因为这说明附近可能有很充足的食物，能缓解我们对下一餐从何而来的忧虑感。这些愉悦的情感有时能让人们变得更加友善、快乐与具有创造性。

　　这么说，到郊外散一下步，或是在身边放置一盆绿色植物，就能让人的灵感源源不断吗？

　　罗切斯特大学的心理学家安德鲁·埃利奥特与他的同事就曾对创造力与潜意识背景颜色的关系进行了一番研究。研究人员认为，既然红色通常带给人们一种危险与错误的感觉（想象一下交通灯与老师批改作业时使用的红笔），而绿色则代表着一种积极与放松的状态（想象一下绿灯与苍翠的林木），那么颜色应该会对创造力有很大影响。研究人员分给参与者一个小册子，册子里面写着一些标准的字谜，同时在小册子每一页的边角处用红色或是绿色的笔写下参与者的编号。然后，他们让参与者检查每一页的数字是否正确，然后对这个小册子进行解答。让人惊讶的是，虽然每个人对这些编号都只是看了几秒，那些看到了绿色墨水的参与者要比那些看到红色墨水的参与者多解答了 30% 的字谜。可见，要想激发创造力，你最好去接触一些绿色的事物。■

用行动转化"能量"
如何激发灵感

　　为了激发创造性思维，你可将植物与花朵多放在房间里，确保你的窗户能看到树木与花草，而不是钢筋水泥。千万不要想着买一些假花来替代。描摹瀑布的图画对激发创造性思维并没有什么帮助，即便是摄影机对自然环境拍摄出来的高清画面，也很难让人们感到更放松。因此，如果你真的无法将自然引入一个空间里，就要经常前往附近满目绿色的地方。同时，在装饰房间的时候，也要注意激发自己的创造性思维，避开红色，多选绿色。如果你想让别人也充满创造性思维——让他们多看绿色（绿色的文件夹、绿色的椅子，甚至是绿色的衣服）的东西。■

【心理学链接：经常更换新鲜"血液"】

关于团队思考与创造性之间的关系，存在着两派不同的观点。一派认为，不应该打破团队思考的固有结构，认为此环境下人们在彼此交流的过程中更舒适，在表达自己一些古怪的想法时会更自在。而另一派则认为，经常更换团队成员，有助于激发一种全新的思维模式。

为了发现哪一种观点更正确，加州大学的心理学家哈伦·内梅特与玛格丽特·奥米斯顿进行了一项实验。在实验的第一部分，研究人员要求参与者提出创意去解决一些现实问题，比如如何促进旧金山湾区的旅游业。接下来，一半的参与者作为常量保持不变，而另一半的参与者则不断发生变化，以构成一个全新的团队。在成员维持不变的团队里，参与者认为，相较团队成员经常变化的团队，他们的团队成员更友善且更具创造性。但是，全新组建的团队能想出更多的办法，经过评估也更具创造性。

其他的研究工作也显示出，即便是一个新人加入一个团队，都会带来巨大的影响。在崔锡勋与利·汤普森合作的一项实验里，研究人员让三人一组的团队想出尽可能多的纸板箱用途。接下来，研究人员让一半的小组保持成员不变，让剩下的每个小组都更换一名成员。当研究人员要求他们再次思考纸板箱的用途时，那些拥有一位全新成员的小组想出了更多的创意，一位新来者增强了原先两位团队成员的创造力。

　　因此，就团队的创造性而言，该研究传递出清晰的结论：要多更换新鲜血液。虽然一个团队可能在过去表现得不错，但通过更换团队成员，更有助于激发大家的创造力。■

"小"的能量

　　一些小的暗示是否严重影响人们的思考方式呢？荷兰奈梅亨大学的心理学家迪克斯特休伊斯与埃德·范·科尼本博格进行了多次实验，他们要求参与者分别记录下对一名典型的足球流氓与一名典型的教授的描述。然后，研究人员向参与者提出了一系列常识性问题，那些花时间记录足球流氓描述的参与者只答对了 46% 的问题，而记录教授描述的参与者则答对了 60% 的问题。其他的研究结果也表明，类似的启动效应也会出现在不同的情境中。若是让人们将电脑桌面壁纸设为美元钞票，他们就会表现得更自私与不友善，不愿将钱捐给慈善机构，更容易疏远别人。若是递给面试官一杯冰冻咖啡，他们就会无意识地将面试者视为冷漠与不那么友好的人。若是空气中弥漫着芳香清洁剂的味道，人们也会将地面打扫得更干净。若是在参加一场会议的时候，将一个公文包放在桌子上，人们会突然变得更具竞争意识。这些研究结果适用于很多场合。

　　启动效应能够在很短时间内让人们变得更具创造性。德国不来梅国际大学的心理学家延斯·福斯特进行了一项实验，要求参与者对一名典型的小混混的行为、生活方式以及形象写下自己的感想（研究人员觉得这些小混混比较"无法无天且激进"），而其他的参与者则思考一位典型的工程师的生活状况（"保守且理性"）。然后，参与者需要回答一份测验创造性思维的标准问卷。研究结果显示，那些思考小混混的参与者要比花时间思考工程师的参与者更具创造性。在他们完全没意识到的情况下，他们的创造性思维竟然可以通过一些快速简单的思考获得巨大的改变。有趣的是，这些效应只在人们对一般人物进行思考时奏效，比如小混混与工程师等。若是你让人们思考一下某位著名人物，比如莱昂纳多·达·芬奇，那么他们的创造性思维有可能会突然干涸。标准一下子定得太高，人们就会无意中将自己匮乏的能力与那些天才相比，继而感到灰心，然后就会停止尝试。

在 2005 年，福斯特进行了一项关于激发创造性思维的全新实验，找到了迅速改变的好方法。他认为，单纯看一眼那些能够激发非常规思维的当代艺术品，都能在无意识间让观看者变得更具创造力。

为了验证他的想法，福斯特要求参与者进行标准的创造性思维测验（"尽量去思考砖头的多种用途"），同时让参与者坐在特别为测试而创作的两幅艺术画的其中一幅前面。这两幅画都是三平方英尺，大小几乎一样，由12 个巨大的十字架构成，背景是淡绿色的。在一幅画里，所有的十字架都是深绿色的；而在另一幅画里，11 个十字架都是深绿色的，只有一个是黄色的。研究人员认为，潜意识思维会感知到那唯一黄色的十字架，从而将之与象征更为保守与传统的绿色形成鲜明的对比，进而激发参与者的创造性思维。研究结果让人震惊。虽然参与者并未有意识地注意到那幅画，但那些坐在"有创造性的"画作前的参与者能想出更多砖头的用途。专家们也认为他们想出的方法更具创造性。这个实验传递出来的信息很明确：想快速让一个团队或是个人进行创造性的思考，可以运用视觉启动的力量。

但是，其他的研究同样表明，要增强创造力，并不单纯局限于坐着观看一幅当代艺术画作，你还要懂得恰当地运用自己的身体。

焦虑与创造性思维之间存在着强大的联系。当人们感到焦虑的时候，就会变得更有局限性，更容易产生规避风险的心理，会以守旧的眼光去看待这个世界。与此相反，当人们对所处的环境感到舒适自在，就更愿意尝试全新且不同寻常的思考与行为方式，能看到大局，敢于冒险。

基于这样的联系，从理论上而言，可以通过让人们感到更舒适自在，进而增强他们的创造性。研究人员让志愿者进行了多种减轻焦虑感的放松方式，这其中就包括长时间的休息、观看有趣的电影或是聆听维瓦尔第的《四季》等。好消息是，研究结果显示，当人们对他们所处的环境感到舒适自在的时候，就会产生更多且更有趣的创意。在这个问题上，追求速度总是最为重要的。几年前，心理学家罗纳德·弗里德曼与延斯·福斯特研究出了一种能够让人们迅速放松的方法，从而增强人们的创造力。

当你喜欢一个物体的时候，有时就会将这个物体拉向自己。与此类似地，如果你讨厌一个物体，就会想着将它推开。从你出生那时候开始，就已经在不断重复这样简单的推拉动作。因此，强大的联想功能可能已经深深扎根在你的脑海里，拉的动作会与积极的情感相关联，而推的动作则会与消极的情感相关联。弗里德曼与福斯特就产生了这样的疑问，如果让人们在短时间内做出这样的行为，是否足够触发他们与此关联的情感，从而影响到他们的创造性思维呢？

他们要求志愿者在桌子前坐着，完成标准的创造性思维测验，测验内容包括尽可能地想出日常生活物品的多种用途，或是解答一些需要横向思考的经典字谜。

研究人员要求一半的参与者将他们的右手放在桌子下，然后轻轻地将桌子拉向自己的身体，从而给他们的大脑发出一个微妙的信号，即他们喜欢现在所处的环境；另一半的参与者要将右手放在桌面上，然后轻轻推桌子，从而给他们的潜意识发出一个信号，即他们感到一种压力。参与者做出的推拉动作都是非常轻微的，不足以移动桌子。所有的参与者都不知道推拉桌子的动作是否会对他们的创造性思维产生影响。在他们完成推拉桌子的动作后，接着继续完成他们的测验。弗里德曼与福斯特发现，无论是在想出更多日常用品的用途或是横向思考等方面，那些拉桌子的人的得分都要比推桌子的人更高。

这是一个简单却有效的方法，但这并不是唯一一个证明你的身体动作会对你的大脑创造性思维产生奇怪影响的实验。

罗切斯特大学的心理学家罗纳德·弗里德曼与安德里·埃利奥特就曾要求参与者分别在双手束胸或是把手自然地放在大腿上的情况下去解决一些较难的字谜。推拉的动作会以相同的方式让我们在潜意识里将喜欢与不喜欢联系在一起，因为双手束胸通常都与顽固联系在一起。这一简单的动作是否会让参与者耗费更多时间去解决这些字谜呢？答案是肯定的。那些双手束胸的参与者投入解答字谜的时间是那些双手放在大腿上的参与者的两倍。

其他研究发现，躺下——这个最受欢迎的身体动作有着神奇的效用。澳大利亚国立大学的心理学家达伦·利普尼基与唐·伯恩进行了一次实验，他们要求参与者解答一系列由五个单词组成的字谜，同时以站立或是躺在垫子上的方式去做。这些字谜里的单词都是混在一起的，其中一些字谜相对简单（比如"gip"需要变成"pig"），而其他字谜则要更难一些（比如"nodru"需要变成"round"）。有趣的是，在完成时间上，那些躺在垫子上解答字谜的参与者要比那些站立的参与者快10%，并且在额定的时间内取得了更高的分数。

是什么造成这样的差异呢？根据利普尼基与伯恩的研究成果，这可能与你大脑里一个名为"蓝斑核"的小区域存在关系。一旦这个区域被激活，大脑就会产生一种名为"去肾上腺素"的压力激素，这种激素反过来会降低心跳的速度，让我们将能量释放出来，加速身体的血液流动。当你站着的时候，地心引力就会让血液从上肢流向下肢，结果增强了蓝斑核的活动。而躺着的身体的姿态则会降低蓝斑核的活动。一些研究者认为，这种去肾上腺素可能会削弱大脑进行某种思考的能力，这包括解字谜所需的创造力与灵活性。看来，直立或是仰卧的身体姿态能够改变流经你身体的化学物质，从而让你的大脑以不同的方式思考。■

用行动转化"能量"
让自己产生创意的好方法

启动效应

为了让你的心智能更好地进行创造性思考，请抽出一些时间去描述一位典型的音乐人或是艺术家。你可以将他们的行为、生活方式或是形象描述出来，或是根据福斯特在创造性思维与行为模式得出的结果，利用下面的图案去帮助你想出一些创意。它们能变成当代艺术，或是用来装饰会议室、设置为电脑壁纸。无论你选择怎样做，激发创造力从未像这样来得迅速与便捷。

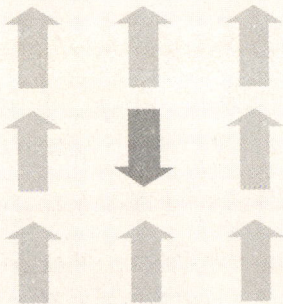

肢体语言

当你下次想在某次会议上表现得更具创意，可以微微地向前倾，试着将桌子拉向自己这边。当情况变得严峻时，你可以双手束胸，帮助自己在面对失败时表现得更加坚忍。如果这样对你不奏效，你还可以躺下来思考。如果旁人指责你懒惰的话，你就可以心平气和地解释说，你只是在降低自己大脑里的蓝斑核的活动，用来对抗僵化的思维。■

◎ **苏菲的答案：在 59 秒内改变生活的十个秘诀**

在本书的开篇，我讲述了几年前我与我的朋友苏菲共进午餐的事。在我们聊天的时候，苏菲表示她买了一本关于如何提升幸福感的畅销书，然后我表达了对自我激励行业的诸多怀疑。当我开始从学术的角度谈论幸福这个话题时，苏菲很有礼貌地打断了我，并且提出了一个促使我去创作本书的问题：是否存在着一些有科学依据的方法，真正能在一分钟内改变人们的生活质量？当时，我不知道答案，但是苏菲的问题一直激发着我的好奇心。在从难以计数的期刊里搜寻了数千份研究之后，我意识到从事心理学不同领域研究的前辈们早已找到了这些方法。苏菲，在你向我提出那个问题时，我希望自己已然了解这十个最为有趣的答案。在这美好的一天，我想我能够在一分钟内写出这十种方法。

◎ 培养感恩的态度

要是人们列出三件让他们为之感恩的事情，或是想出过去一周里三件进展特别顺利的事情，这能在一个月之内极大地增强他们的幸福感。这样做反过来会让他们以乐观的态度看待未来，同时提升他们的健康状况。

◎ 成为施予者

人们在做出最简单的善意行为之后，都会感到更快乐。向急需帮助的人捐献几美元，为爱人购买一件价格不贵却充满惊喜的礼物，或是去献血、帮助一位朋友，都会让我们迅速体验到极大的幸福感。

◎ 在你的厨房放一面镜子

人们选择不同食物的时候，若是将一面镜子摆在面前，就会少吃30%的不健康食物。因为他们看到了镜中的自己，就会反思自己的体形，从而选择那些有益的食物。

◎ 买一盆绿植放在办公室里

在办公室里摆一盆绿植，可以使男性职员多想出15%的创意，同时帮助女性搭档想出更多解决问题的方法。同时，绿植还有助于缓解压力，让我们处于良好的情绪状态，这反过来又会激发我们的创造性思维。

◎ 轻轻触碰别人的上臂

轻轻地触碰别人的上臂，更能让别人赞同你提出的要求，因为这样的触碰会让人们下意识地产生你比他们地位高的信号。在实验里，在夜总会邀请别人跳舞，这样的触碰能帮助当事人增加 20% 的成功率，还能使大街上陌生人愿意留下电话号码的概率增加 10%。

◎ 写下你的关系状况

每周抽出一些时间将对伴侣最深层的想法与情感写在纸上，继续维持伴侣关系的概率将提高 20%。这种"表达性写作"会让伴侣双方在谈论对方时采用更积极的语言，从而让他们的关系变得更健康与幸福。

◎ 通过闭上眼睛与请求对方给你发邮件，去对付潜在的骗子

发现别人撒谎最可靠的线索就是对方所使用的词语，骗子在说话时会缺乏细节，更多地使用"嗯""啊"这样的停顿词，同时还会避免提到表达自我的词汇（"我"与"我的"）。除此之外，相较打电话，人们在使用电子邮件交流时撒谎的概率要低 23%，因为他们所说的文字都是有记录的，撒谎更有可能给他们带来反作用。

◎ 赞美孩子的努力，而不要赞美他们的能力

要赞美孩子们付出的努力，而不要赞美他们本身的能力（"做得好，你肯定为此付出了很大的努力！"），这将有助于鼓励孩子无论面对什

么情况，都勇于尝试，避免了他们对失败的恐惧感。这会让他们更愿意尝试更多的挑战，觉得解决这些难题是有趣的，并且愿意花自己的时间去解答它们。

◎ 想象你的行为而不是成就

那些想象自己正采取实际行动从而实现目标的人，要比想象自己美梦成真的人更容易成功。最有效的是采取第三人称视角的方法：相比那些采用第一人称视角进行想象的人，那些站在第三人称角度想象自己的人，取得成功的概率要高出 20%。

◎ 思考你去世后留下来的遗产

请人们抽出几分钟的时间，想象他们的一位亲密朋友出现在自己的葬礼上时，会如何介绍自己留下来的个人遗产。这有助于人们认清长期目标，从而评估自己在将目标变成现实这趟旅程中所处的位置。

感谢
Thanks

　　要是没有诸多朋友的帮助，我是不可能写出本书的。首先，我要感谢我的经纪人帕特里克·沃尔什给予的有用的建议与指引，感谢编辑理查德·米尔纳、乔恩·布特拉与爱德华·卡斯滕梅尔。同时，我要感谢克里夫·杰弗里斯与艾玛·格林宁在本书创作的每个阶段都提供了富于洞察力的反馈。我要感谢波西亚·史密斯在所有一切工作中扮演的重要角色，感谢吉姆·昂德当与斯宾塞·马克思帮助我测量了许多名人的手印。感谢罗杰·海菲尔德在研究姓名心理学的过程中给予的帮助，感谢蕾切尔·阿姆斯特朗在浪漫这个话题上给予的极为独特的见解，感谢山姆·墨菲在研究吸引力与运动之间的关系上给予的帮助。同时，我还要特别感谢帕特·亨得利与克尔斯滕·斯科以及各位朋友。最后，我还要特别感谢极为出色的卡洛琳·瓦特在本职工作之外付出的诸多努力。谢谢你们！